干部法律知识
看图一点通

维权帮　著

中国法制出版社
CHINA LEGAL PUBLISHING HOUSE

致亲爱的读者

我国坚持走中国特色社会主义法治道路，建设中国特色社会主义法治体系。而这需要领导干部认真学习法律，了解法律知识。习近平总书记专门指出，“领导干部要做尊法学法守法用法的模范”，依法治国要抓住领导干部这个“关键少数”。因此，领导干部学习法律知识至关重要。

在此，为了使领导干部全面了解法律知识，我们精心编写了本书，旨在帮助领导干部学习相关法律知识。具体而言，本书具有以下特色：

第一，政治性与时代性。近些年来，国家加强了对党政领导干部队伍的建设，加强了反腐和纪律处分的力度。《监察法》《公职人员政务处分法》等法律法规不断完善，本书涉及和体现了相应内容。

第二，实用性与通俗性。本书精选了领导干部在工作和生活中需要了解的法律知识，通过以案说法、图文并茂的方式解说法律，深入浅出、通俗易懂，不但能够帮助领导干部了解法律知识，也能帮助其解决工作中的相关问题，实用性非常强。

第三，全面性与针对性。诚然，法律知识是纷繁复杂的，尽可能多地了解各种法律知识，对于任何人来说都不无裨益。但考虑到广大领导干部利用工作之余学习法律知识所面临的时间有限的问题，我们特别将本书的知识范围划在了领导干部的工作生活领域，既有相对的全面性，又有独到的针对性。

第四，专业性与严谨性。法律的一个重要特点便是严谨。本书编委会成员大多是法律学者与律师，他们有着深厚的法律理论基础与丰富的司法实践经验，对相关法律问题有着自己的独到见解。在编写本书时，编委会成员根据最新的法律，对典型案例进行了简要而准确的分析，并提出了一些中肯的建议，希望能够对大家有所帮助。

加强领导干部学法用法，是深入加强全民普法的需要，是进行全民法治宣传教育的重要内容。领导干部学法用法，有利于其依法办事，发挥模范带头作用，进而有利于带动广大人民群众守法用法，在全社会形成全民尊法、学法、守法、用法的良好风尚。衷心希望本书能成为广大领导干部学法用法的得力助手。对于书中存在的不足，欢迎您批评指正！

本书编委会
2020 年 12 月

目录

第1章 尊崇宪法，践行依法治国——宪法知识

1 1 谁有权发布“动员令”？
4 2 谁有权发布“戒严令”？戒严实施机关可以采取哪些管控措施？
8 3 国家工作人员就职时是否都要进行宪法宣誓？宪法宣誓的誓词是什么？
11 4 在选举人大代表的过程中，采用威胁手段获得的代表资格是否有效？
14 5 全国人大代表是否有权拒绝公安机关的直接逮捕？
16 6 若人大代表不称职，选民可以要求将其罢免吗？
19 7 县级人民政府出现错误命令，本级人大常委会是否有权撤销？
21 8 公务人员的家属有宗教信仰自由吗？

第2章 勤政为民，坚决依法行政——行政法知识

23 9 行政处罚中先裁决后取证的做法正确吗？
26 10 乡镇政府是否有权作出行政处罚？
28 11 对当事人的违法行为，刑事处罚和行政处罚可以并存吗？
31 12 行政处罚权能否转委托？
33 13 行政强制执行是否可以委托他人实施？

35 14 行政处罚有时效期间吗？
37 15 行政机关申请人民法院强制执行，执行费用由谁承担？
39 16 在什么情况下，国家机关无须承担国家赔偿责任？
41 17 行政复议期间，行政处罚是否可以停止执行？
43 18 收到行政复议申请书副本后，行政机关是否可以进行口头答复？
45 19 行政许可被撤回，当事人因此遭受的损失由谁承担？
47 20 将举报信转交给被揭发人的，会受到怎样的处罚？

第3章 雷霆万钧，共建高效监察体制——监察法知识

49 21 哪些人员应当接受监察？
52 22 未如实向监察机关提供情况的，会有怎样的后果？
55 23 在哪些情形下，被调查人可能会被建议从宽处罚？
58 24 监察机关查明冻结的财产与案件无关后，应在多久内解冻？
61 25 在哪些情况下，被调查人可以被留置？
64 26 留置的期限最长为多久？留置期限如何折抵刑期？
67 27 被调查人被留置后，监察机关一定会通知其所在单位和家属吗？
69 28 被调查人被留置后，吃住就医有保障吗？
71 29 监察调查结束后，被调查人可能面临哪些处置？

74 30 监察对象不服监察处理决定的，怎么办？
76 31 领导干部向监察人员打听监察案情的，监察人员应该怎么办？
78 32 遇到哪些情形时，监察人员应该回避？

第4章 洁身自好，拒绝渎职腐败——刑法知识

80 33 不小心泄露了国家秘密，也会构成犯罪吗？
82 34 将项目交与没有相关资质的亲友的公司承办，会造成什么后果？
84 35 让朋友的公司为自己开发票，虚构政府采购交易，事后把钱据为己有的，构成什么罪？
86 36 将收受的他人钱财给儿子购置房产，房产证上全部写儿子的名字，就安全了吗？
88 37 贪污防疫物资交由亲属倒卖的，如何处罚？
90 38 多次利用自家筹办红白喜事之机向他人索取财物的，要承担怎样的后果？
92 39 为自己买官升官的，如何处罚？
94 40 犯罪后认真悔改，帮助侦破案件的，哪些情形可以被认定为“对侦破重大案件起关键作用”？
96 41 受贿后，因担惊受怕而将赃款赃物捐赠的，还能认定为犯罪吗？
98 42 妻子受贿，干部睁一只眼闭一只眼，构成受贿罪吗？
100 43 收受了他人财物，却没有给他人谋取利益的国家工作人员是否构成犯罪？
102 44 国家工作人员滥用职权造成巨大损失的，将会受到何种处罚？

104 45 在什么情况下，国家工作人员会构成巨额财产来源不明罪？
106 46 法院院长的女儿收受贿赂为他人谋取不正当利益，构成何种犯罪？
108 47 什么是“剥夺政治权利”？
110 48 职务上负有特定责任的人适用紧急避险吗？
112 49 领导干部挪用精准扶贫专项资金的，是否从重处罚？
114 50 领导干部可以将珍贵文物出售给外国人吗？

第5章 服务于民，当好一名公务员——公务员法律知识

116 51 公务员工作之余可以在外兼职吗？
118 52 没有达到最低服务年限的公务员能辞去公职吗？
120 53 未达到退休年龄的公务员能提前退休吗？
122 54 接受培训是公务员的义务吗？
124 55 公务员如果无正当理由不参加年度考核，会有什么后果？
126 56 公务员被处分后会影响其年度考核吗？
128 57 我国法律规定的公务员奖励评选机制是什么？
130 58 可以因同一事由重复奖励公务员吗？
132 59 公务员同时存在两种以上违法违纪行为的，该如何处罚？
135 60 因管理疏忽导致扶贫款项被贪污，公务人员会受到怎样的处罚？
137 61 对违纪后主动交代的公务人员可以酌情减轻处分吗？

139 62 违法违纪的公务员有检举他人违法违纪行为的，能对其从轻处分吗？
141 63 公务员在满足哪些条件时才可以晋升领导职务？
143 64 公务员不得进行调任的情况有哪些？

第6章 助力发展，搞好经济与生态建设——经济与环保法律知识

145 65 政府对本地商品进行价格保护的做法是否正确？
148 66 本地政府可以限制外地企业参加招投标活动吗？
150 67 在政府采购活动中，何种情形下，采购人员应当回避？
153 68 我国环境保护的原则是什么？
155 69 对保护和改善环境有显著成绩的单位，政府是否需要给予奖励？
157 70 在环保工作上，县级以上人民政府应当接受哪个单位的监督？
159 71 在发生环境突发事件时，有关部门应该怎么办？
161 72 上级环保部门发现下级部门工作人员有违法行为的，应该怎么办？
163 73 环保部门工作人员收到举报信后未及时采取措施的，将会承担什么责任？

第7章 以民为本，充分保障民生——社会保障与科教文卫类法律知识

165 74 政府可以将社会救助服务事项委托给其他机构吗？
168 75 学校的基本建设属于城乡建设规划的范畴吗？
170 76 就业专项资金可以用于哪些方面？

172 77 政府需要建立何种就业援助制度？
174 78 在自然灾害预警启动后，政府需要采取哪些措施？
176 79 领导干部谎报疫情的，将承担什么后果？

第8章 依法办事，正视行政诉讼——行政诉讼法律知识
178 80 行政诉讼中行政机关负责人是否必须出庭？
180 81 行政诉讼中行政机关负责人拒不出庭，法院可以如何处理？
182 82 行政诉讼中的举证责任在哪一方？
184 83 原告的证据不能证明被诉行政行为违法，可以免除被告的举证责任吗？
186 84 被告无故不参加诉讼，其证据可以作为定案依据吗？
188 85 被告作出行政行为后收集的证据，可以作为被诉行为合法的依据吗？
191 86 在行政诉讼中，什么情况下被告可以在一审程序中补充证据？
193 87 被告在行政程序中非法剥夺原告申辩的权利所形成的证据，可以作为被诉行为合法的依据吗？
195 88 如果行政机关胁迫原告撤诉，应当依法承担什么法律后果？
198 89 行政行为被判决撤销后，行政机关还能以同一事实和理由作出相同的处理决定吗？
200 90 行政机关不执行行政案件判决的，法院可以采取哪些措施？

第9章 永葆初心，坚守纪律红线——中国共产党纪律处分知识

202 91 对党员的纪律处分种类有哪些？其具体内容分别是什么？

205 92 强迫、唆使他人违纪的，应当从重或者加重处分吗？

207 93 存在两次违纪且应当受处分情形的，应当从重处分吗？

209 94 党员在受留党察看处分期间又违纪的，会被开除党籍吗？

211 95 被开除党籍后，多久后可以再次入党？

213 96 被留党察看后，党代会代表的资格会受影响吗？

215 97 经过侦查审判，党员并无犯罪行为的，其以前的权利应该恢复吗？

217 98 党员犯罪情节轻微，可以留党察看吗？

220 99 生效的判决被推翻后，党员的处分也可以“翻案”吗？

222 100 对于朋友圈里的不当言论，党员干部应该怎么做？

224 101 在党内搞团团伙伙、结党营私、拉帮结派，会受到怎样的纪律处分？

226 102 隐瞒入党前的严重错误，会受到怎样的纪律处分？

228 103 违规组织、参加自发成立的校友会，会受到怎样的纪律处分？

230 104 私自扣压检举材料，会受到怎样的纪律处分？

233 105 不服从党组织的分配、调动、交流等决定的，会受到怎样的纪律处分？

235 106 接受他人不正当安排娱乐或旅游项目的，会受到怎样的纪律处分？
237 107 借招待之机大吃大喝的，会受到怎样的纪律处分？
239 108 在办理涉及群众事务时刁难群众、吃拿卡要的，会受到怎样的纪律处分？
241 109 为搞政绩而盲目上项目的，会受到怎样的纪律处分？
243 110 政策扶持中，搞特殊优待亲属的，会受到怎样的纪律处分？
245 111 危急时刻不挺身而出，畏惧退缩的，会受到怎样的纪律处分？
247 112 违反规定干预和插手市场经济活动的，会受到怎样的纪律处分？
249 113 泄露党组织未公开的纪律审查事项的，会受到怎样的纪律处分？
251 114 以不正当方式谋求本人或者其他人以公款方式出国（境）旅游的，会受到怎样的纪律处分？
254 115 违反规定干预和插手司法活动、执纪执法活动的，会受到怎样的纪律处分？
256 116 生活奢靡、贪图享乐的，会受到怎样的纪律处分？
258 117 与他人发生不正当性关系的，会受到怎样的纪律处分？

第1章 尊崇宪法，践行依法治国——宪法知识

1. 谁有权发布“动员令”？

案例背景

冯某是某县农业局工作人员，刚入职不久的他在工作中表现积极主动，善于向他人请教，同时敢于发表自己的看法。在一次针对该县农业发展的专题研讨会上，有工作人员提出，为响应国家号召，建议局长发布动员令，将全县群众动员起来搞现代化农业，推进农业现代化的进程。其他工作人员都认为这是一个非常好的提议，纷纷表示赞同。此时，冯某提出异议，他认为严格意义上的动员令只

能由国家主席发布，为严谨起见，可以换一种措辞。大家都表示不解，没听说过只有国家主席才有权发布动员令啊，怎么动员群众还不能发布动员令了呢？

学法有疑

冯某的说法对吗？谁有权发布“动员令”？

法律讲堂

冯某的说法是正确的。从法律意义上来说，动员令指的是使国家武装力量从平时状态转入战时状态的一种命令。根据动员令，所有的人力、物力、财力都听从统一的指挥调配，为战争状态服务，任何违反动员令的行为都将受到刑事处罚或者军法制裁。我国《宪法》第八十条规定：“中华人民共和国主席根据全国人民代表大会的决定和全国人民代表大会常务委员会的决定，公布法律，任免国务院总理、副总理、国务委员、各部部长、各委员会主任、审计长、秘书长，授予国家的勋章和荣誉称号，发布特赦令，宣布进入紧急状态，宣布战争状态，发布动员令。”由此可见，在我国，动员令是由国家主席根据全国人民代表大会的决定和全国人民代表大会常务委员会的决定发布的。所以，冯某的说法是有法律依据的。而其他人所理解的“动员令”只是普遍意义上为了号召群众而发出的具有鼓舞性的倡议或口号。

法律条文

《中华人民共和国宪法》

第八十条　中华人民共和国主席根据全国人民代表大会的决定和全国人民代表大会常务委员会的决定，公布法律，任免国务院总理、副总理、国务委员、各部部长、各委员会主任、审计长、秘书长，授予国家的勋章和荣誉称号，发布特赦令，宣布进入紧急状态，宣布战争状态，发布动员令。

我国宪法规定，动员令由国家主席根据全国人民代表大会的决定和全国人民代表大会常务委员会的决定发布，机关单位可以号召群众、开动员大会，但这并不是严格的法律意义上的“动员令”。作为国家工作人员，应当学法、懂法、用法，这样才能在处理各项事务时更加专业、严谨，减少错误的发生。

2. 谁有权发布"戒严令"？戒严实施机关可以采取哪些管控措施？

案例背景

赵某是某市市政府工作人员，平时工作表现出色，在工作岗位上做出了不少成绩。由于工作需要，赵某被调到省政府工作。到了一个新的工作环境，赵某更加谨慎小心，经常向老同事请教各种问题，生怕自己在工作中有什么失误。近日，该省省会城市有大量群众被邪教组织蛊惑，到闹市区聚集，进行非法游行示威，并且还有打、砸、抢的行为，给普通群众的正常生活和生命安全造成极大影响。政府相关人员与游行示威群众进行了积极的沟通协调却并未奏效，赵某看到此种情况也是心急如焚。在一次和老同志的交流中，老同志提到现在情况这么严重，再继续下去会伤害普通百姓，为有效防止事态恶化就只能发布戒严令了。赵某心中疑惑，由谁来发布戒严令？发布之后可以采取哪些措施呢？

学法有疑

谁有权发布“戒严令”？戒严实施机关可以采取哪些管控措施？

法律讲堂

戒严令是指当国家的统一、安全或者社会公共安全受到威胁时发布的一种行政命令。我国《戒严法》第二条规定：“在发生严重危及国家的统一、安全或者社会公共安全的动乱、暴乱或者严重骚乱，不采取非常措施不足以维护社会秩序、保护人民的生命和财产安全的紧急状态时，国家可以决定实行戒严。”在上述案例中，若该游行示威活动威胁到了社会公共安全，不采取非常措施难以保护人民生命安全时，可以实行戒严。

那么，“戒严令”应当由谁发布呢？我国《戒严法》第三条规定：“全国或者个别省、自治区、直辖市的戒严，由国务院提请全国人民代表大会常务委员会决定；中华人民共和国主席根据全国人民代表大会常务委员会的决定，发布戒严令。省、自治区、直辖市的范围内部分地区的戒严，由国务院决定，国务院总理发布戒严令。”上述案例中的游行示威活动仅涉及省会城市，因此戒严令应当由国务院总理根据国务院的决定发布。发布戒严令后，该地区的所有组织和个人都要遵守戒严令。根据《戒严法》第九条的规定，全国或者个别省、自治区、直辖市的戒严，国务院为实施机关；省、自治区、直辖市的范围内部分地区的戒严，省、自治区、直辖市人民政府为实施机关，必要时国务院也可以成为直接实施机关。关于管控措施，根据《戒严法》第十三条和第十四条的规定，实施机关可以禁止或者限制集会、游行、示威、街头讲演以及其他聚众活动；禁止罢工、罢市、罢课；实行新闻管制；实行通讯、邮政、电信管制；实行出境入境管制；禁止任何反对戒严的活动。同时，实施机关还可以实行交通管制措施和宵禁措施等。一切管控措施的目的都是尽快恢复正常社会秩序，因此民众要遵守戒严令，实施机关也应当及时向公众公布实施戒严令的措施和办法。

法律条文

《中华人民共和国戒严法》

第二条 在发生严重危及国家的统一、安全或者社会公共安全的动乱、暴乱或者严重骚乱，不采取非常措施不足以维护社会秩序、保护人民的生命和财产安全的紧急状态时，国家可以决定实行戒严。

第三条 全国或者个别省、自治区、直辖市的戒严，由国务院提请全国人民代表大会常务委员会决定；中华人民共和国主席根据全国人民代表大会常务委员会的决定，发布戒严令。

省、自治区、直辖市的范围内部分地区的戒严，由国务院决定，国务院总理发布戒严令。

第九条 全国或者个别省、自治区、直辖市的戒严，由国务院组织实施。

省、自治区、直辖市的范围内部分地区的戒严，由省、自治区、直辖市人民政府组织实施；必要时，国务院可以直接组织实施。

组织实施戒严的机关称为戒严实施机关。

第十三条 戒严期间，戒严实施机关可以决定在戒严地区采取下列措施，并可以制定具体实施办法：

（一）禁止或者限制集会、游行、示威、街头讲演以及其他聚众活动；

（二）禁止罢工、罢市、罢课；

（三）实行新闻管制；

（四）实行通讯、邮政、电信管制；

（五）实行出境入境管制；

（六）禁止任何反对戒严的活动。

第十四条 戒严期间，戒严实施机关可以决定在戒严地区采取交通管制措施，限制人员进出交通管制区域，并对进出交通管制区域人员的证件、车辆、物品进行检查。

第十五条 戒严期间，戒严实施机关可以决定在戒严地区采取宵禁措施。宵禁期间，在实行宵禁地区的街道或者其他公共场所通行，必须持有本人身份证件和戒严实施机关制发的特别通行证。

第十六条 戒严期间，戒严实施机关或者戒严指挥机构可以在戒严地区对下列物品采取特别管理措施：

（一）武器、弹药；

（二）管制刀具；

（三）易燃易爆物品；

（四）化学危险物品、放射性物品、剧毒物品等。

第二十条 戒严实施机关依照本法采取的实施戒严令的措施和办法，需要公众遵守的，应当公布；在实施过程中，根据情况，对于不需要继续实施的措施和办法，应当及时公布停止实施。

我国《戒严法》根据宪法制定，若发生威胁国家安全和社会公共安全的动乱，可以实行戒严。全国或者个别省、自治区、直辖市的戒严令由国家主席发布，省、自治区、直辖市的范围内部分地区的戒严令由国务院总理发布。国务院或者省、自治区、直辖市人民政府作为实施机关可以采取一系列管控措施，该地区的任何组织和个人都应当遵守。

3. 国家工作人员就职时是否都要进行宪法宣誓？宪法宣誓的誓词是什么？

案例背景

小王是一名法学专业毕业生，一直梦想考进检察院，为我国法律事业贡献自己的力量。为此，小王不断努力学习提升自己，终于在2019年如愿以偿，考进家乡的检察院成为一名检察官助理。在入职当天，单位领导表示国家工作人员入职时都要进行宪法宣誓，宣誓后才能正式入职。小王只在入团入党时进行过宣誓，没想到检察官助理入职还要进行宪法宣誓，顿时倍感光荣。于是，在单位的组织下，小王和其他新入职的同事一起心怀敬畏地、庄严地完成了宣誓程序。

学法有疑

国家工作人员在就职时都要进行宪法宣誓吗？宪法宣誓的誓词是什么？

法律讲堂

2015年7月1日，第十二届全国人民代表大会常务委员会第十五次会议通过《全国人民代表大会常务委员会关于实行宪法宣誓制度的决定》，确立了宪法宣誓制度。2018年2月24日，为贯彻落实党的十九大精神和十九届二中全会宪法修改精神，第十二届全国人民代表大会常务委员会第三十三次会议对该决定进行了修订。根据现行《全国人民代表大会常务委员会关于实行宪法宣誓制度的决定》第一条的规定，各级人民代表大会及县级以上各级人民代表大会常务委员会选举或者决定任命的国家工作人员，以及各级人民政府、监察委员会、人民法院、人民检察院任命的国家工作人员，在就职时应当公开进行宪法宣誓。2018 年 3 月 11 日，第十三届全国人民代表大会第一次会议通过的宪法修正案中，将“国家工作人员就职时应当依照法律规定公开进行宪法宣誓”增加为《宪法》第二十七条第三款。

宪法是国家的根本大法，具有最高的法律效力，每一位公民都应当遵守宪法，维护宪法尊严。而作为国家工作人员，其职权由宪法赋予，因此更应当树立宪法意识，忠于宪法。宪法宣誓制度是通过庄严的仪式彰显宪法权威，强化国家工作人员的法制意识，使他们心中有法。这不仅是一个承诺，更是一种自我约束，通过宣誓促进宣誓人自觉遵守宪法，增强自身的责任感和使命感。

根据现行《全国人民代表大会常务委员会关于实行宪法宣誓制度的决定》第二条的规定，宪法宣誓誓词为：

我宣誓：忠于中华人民共和国宪法，维护宪法权威，履行法定职责，忠于祖国、忠于人民，恪尽职守、廉洁奉公，接受人民监督，为建设富强民主文明和谐美丽的社会主义现代化强国努力奋斗！

法律条文

《全国人民代表大会常务委员会关于实行宪法宣誓制度的决定》

一、各级人民代表大会及县级以上各级人民代表大会常务委员会选举或者决定任命的国家工作人员，以及各级人民政府、监察委员会、人民法院、人民检察院任命的国家工作人员，在就职时应当公开进行宪法宣誓。

二、宣誓誓词如下：

我宣誓：忠于中华人民共和国宪法，维护宪法权威，履行法定职责，忠于祖国、忠于人民，恪尽职守、廉洁奉公，接受人民监督，为建设富强民主文明和谐美丽的社会主义现代化强国努力奋斗！

三、全国人民代表大会选举或者决定任命的中华人民共和国主席、副主席，全国人民代表大会常务委员会委员长、副委员长、秘书长、委员，国务院总理、副总理、国务委员、各部部长、各委员会主任、中国人民银行行长、审计长、秘书长，中华人民共和国中央军事委员会主席、副主席、委员，国家监察委员会主任，最高人民法院院长，最高人民检察院检察长，以及全国人民代表大会专门委员会主任委员、副主任委员、委员等，在依照法定程序产生后，进行宪法宣誓。宣誓仪式由全国人民代表大会会议主席团组织。

《中华人民共和国宪法》

第二十七条 一切国家机关实行精简的原则，实行工作责任制，实行工作人员的培训和考核制度，不断提高工作质量和工作效率，反对官僚主义。

一切国家机关和国家工作人员必须依靠人民的支持，经常保持同人民的密切联系，倾听人民的意见和建议，接受人民的监督，努力为人民服务。

国家工作人员就职时应当依照法律规定公开进行宪法宣誓。

作为国家工作人员，在正式就职前都要进行宪法宣誓程序，因此，要对宪法心存敬畏，遵守宪法，严格要求自己，接受人民监督，切忌心存侥幸。

4. 在选举人大代表的过程中，采用威胁手段获得的代表资格是否有效？

案例背景

王某在村里素来嚣张跋扈，和一伙兄弟们在村里为非作歹，大家都对他们畏而远之。最近，村里一直在宣传选举乡人大代表的事，王某动了心思，想着当个人大代表能捞点好处，便跟自己的兄弟们说了这个想法。这些兄弟想着若是王某当了人大代表，他们也能跟着沾光，于是大家一拍即合，决定在村里走街串巷让村民们都给王某投票。他们挨家挨户通知，有的村民不乐意给王某投票，王某一伙人对其进行威胁恐吓，声称如果不给王某投票，以后在村里就别想有好日子过，有孩子的都小心着点儿。村民们生怕这些人做出什么出格的事，觉得多一事不如少一事，便答应了给王某投票。果不其然，王某最后成功当选人大代表。

学法有疑

王某通过威胁村民当选人大代表，他的人大代表资格有效吗？

法律讲堂

王某通过威胁手段取得的人大代表资格是无效的。我国《宪法》第三十四条规定：“中华人民共和国年满十八周岁的公民，不分民族、种族、性别、职业、家庭出身、宗教信仰、教育程度、财产状况、居住期限，都有选举权和被选举权；但是依照法律被剥夺政治权利的人除外。”由此可见，公民的选举权与被选举权是宪法赋予的，任何人不得干涉。上述案例中，王某威胁恐吓的行为违背了村民的意志，不符合宪法规定的选举与被选举的自由。我国《全国人民代表大会和地方各级人民代表大会选举法》第五十八条规定：“为保障选民和代表自由行使选举权和被选举权，对有下列行为之一，破坏选举，违反治安管理规定的，依法给予治安管理处罚；构成犯罪的，依法追究刑事责任：（一）以金钱或者其他财物贿赂选民或者代表，妨害选民和代表自由行使选举权和被选举权的；（二）以暴力、威胁、欺骗或者其他非法手段妨害选民和代表自由行使选举权和被选举权的；（三）伪造选举文件、虚报选举票数或者有其他违法行为的；（四）对于控告、检举选举中违法行为的人，或者对于提出要求罢免代表的人进行压制、报复的。国家工作人员有前款所列行为的，还应当由监察机关给予政务处分或由所在机关、单位给予处分。以本条第一款所列违法行为当选的，其当选无效。”由此可见，虽然王某顺利当选人大代表，但他采取了威胁的手段，违反法律规定，他的当选应当无效，并且还应当承担相应的法律责任。

法律条文

《中华人民共和国宪法》

第三十四条 中华人民共和国年满十八周岁的公民，不分民族、种族、性别、职业、家庭出身、宗教信仰、教育程度、财产状况、居住期限，都有选举权和被选举权；但是依照法律被剥夺政治权利的人除外。

《中华人民共和国全国人民代表大会和地方各级人民代表大会选举法》

第五十八条 为保障选民和代表自由行使选举权和被选举权，对有下列行为之一，破坏选举，违反治安管理规定的，依法给予治安管理处罚；构成犯罪的，依法追究刑事责任：

（一）以金钱或者其他财物贿赂选民或者代表，妨害选民和代表自由行使选举权和被选举权的；

（二）以暴力、威胁、欺骗或者其他非法手段妨害选民和代表自由行使选举权和被选举权的；

（三）伪造选举文件、虚报选举票数或者有其他违法行为的；

（四）对于控告、检举选举中违法行为的人，或者对于提出要求罢免代表的人进行压制、报复的。

国家工作人员有前款所列行为的，还应当由监察机关给予政务处分或者由所在机关、单位给予处分。

以本条第一款所列违法行为当选的，其当选无效。

一句话说法

宪法赋予公民选举权和被选举权，任何人不得以任何形式进行干涉。选举应当经过正当程序，以非法手段取得的人大代表资格是无效的，破坏选举还应当承担相应法律责任。

5. 全国人大代表是否有权拒绝公安机关的直接逮捕？

案例背景

林某系某税务局工作人员，平时工作认真，交友广泛，深得领导重视。经过单位的栽培以及自身的努力，林某在2017年当选全国人民代表大会代表，一时风光不已。事业上的顺风顺水让林某迷失了方向，不少人为了逃税跟林某攀关系，林某则借职务便利给很多人开了“后门”，同时也从这些人身上得到不少好处。但天下没有不透风的墙，在公安机关审理一起案件时，犯罪嫌疑人将其与林某的交易供述出来。公安机关掌握线索后，决定对林某实施逮捕。但林某称自己是全国人大代表，没有经全国人大主席团或全国人大常委会的许可，公安机关不能直接逮捕他，他有不受逮捕的权利。

学法有疑

林某的说法有法律依据吗？公安机关可以直接逮捕全国人大代

表吗？

法律讲堂

林某的说法是有法律依据的。在我国，全国人民代表大会是最高国家权力机关，每年举行一次会议，全国人大代表的权利由宪法赋予。《宪法》第七十四条规定："全国人民代表大会代表，非经全国人民代表大会会议主席团许可，在全国人民代表大会闭会期间非经全国人民代表大会常务委员会许可，不受逮捕或者刑事审判。"由此可见，我国宪法对全国人大代表实行特殊保护，只有经过全国人民代表大会会议主席团或全国人民代表大会常务委员会的许可，公安机关才能对全国人大代表实施逮捕。上述案例中，虽然林某经公安机关审查证明存在犯罪行为，但是没有经过全国人民代表大会会议主席团或全国人民代表大会常务委员会的许可，公安机关不能直接逮捕林某。

法律条文

《中华人民共和国宪法》

第七十四条 全国人民代表大会代表，非经全国人民代表大会会议主席团许可，在全国人民代表大会闭会期间非经全国人民代表大会常务委员会许可，不受逮捕或者刑事审判。

一句话说法

全国人大代表享有宪法赋予的权利，同时也应当履行其职责，不可知法犯法，否则应承担法律责任。若涉及全国人大代表的逮捕和刑事审判，应当首先经过全国人民代表大会会议主席团或者全国人民代表大会常务委员会许可，按照法律规定的程序进行。

6. 若人大代表不称职，选民可以要求将其罢免吗？

案例背景

陈某是某乡乡政府的一名工作人员，平时工作雷厉风行，为老百姓办了不少实事，因此成功当选乡人大代表。近年来，陈某在工作上有些飘飘然，忘记了自己的职责，经常利用公款吃喝，并且明目张胆地受贿。对于老百姓反映的问题，陈某也是敷衍了事，从不认真解决，老百姓对此怨声载道。乡里的群众认为陈某已经不能代表人民的利益，他作为人大代表不仅不履行自己的义务，反而利用这个身份为自己谋取利益。于是选区里30名选民联名，向县人民代表大会常务委员会提出罢免陈某人大代表职务的要求。

学法有疑

若人大代表不称职，选民可以要求将其罢免吗？法律对此是如何规定的？

法律讲堂

对于不称职的人大代表，选民有权要求罢免。人大代表由选民选举产生，同时也应当接受选民的监督，反映人民的心声。我国《宪法》和《选举法》都赋予了选民罢免人大代表的权利，即按照法律规定的罢免程序撤销他们所选出的人大代表的职务资格。我国《宪法》第七十七条规定："全国人民代表大会代表受原选举单位的监督。原选举单位有权依照法律规定的程序罢免本单位选出的代表。"《全国人民代表大会和地方各级人民代表大会选举法》第四十九条规定："全国和地方各级人民代表大会的代表，受选民和原选举单位的监督。选民或者选举单位都有权罢免自己选出的代表。"因此，罢免权是法律赋予选民的一项监督权，上述案例中的陈某作为人大代表，不能代表人民、服务人民，不能为人民办实事，选民有权按照法律规定提出罢免陈某人大代表职务的要求。

法律条文

《中华人民共和国宪法》

第七十七条 全国人民代表大会代表受原选举单位的监督。原选举单位有权依照法律规定的程序罢免本单位选出的代表。

《中华人民共和国全国人民代表大会和地方各级人民代表大会选举法》

第四十九条 全国和地方各级人民代表大会的代表，受选民和原选举单位的监督。选民或者选举单位都有权罢免自己选出的代表。

第五十条 对于县级的人民代表大会代表，原选区选民五十人以上联名，对于乡级的人民代表大会代表，原选区选民三十人以上联名，可以向县级的人民代表大会常务委员会书面提出罢免要求。

罢免要求应当写明罢免理由。被提出罢免的代表有权在选民会议上提出申辩意见，也可以书面提出申辩意见。

县级的人民代表大会常务委员会应当将罢免要求和被提出罢免

的代表的书面申辩意见印发原选区选民。

表决罢免要求，由县级的人民代表大会常务委员会派有关负责人员主持。

作为人大代表，必须代表人民的利益，为人民服务，反映人民的心声，若不能履行职责，选民和原选举单位都有权按照法律规定行使罢免权。

7. 县级人民政府出现错误命令，本级人大常委会是否有权撤销？

案例背景

李某是某县人大常委会委员之一，为人正直，一直致力于为人民办实事，为该县做出不少贡献。2019 年清明期间，该县县政府为了防止火灾发生，发布了一项在任何时间、任何地点都不得有明火的命令。李某认为这项命令属于“一刀切”，没有法律依据，严重影响政府形象，于是找到相关负责人刘某说明此事。刘某称，县政府的命令没有任何问题，让李某少管闲事，并表示李某没有权利过问此事。李某解释称，作为人大常委会委员，他有义务对此进行监督，人大常委会有权撤销该命令。刘某对此表示不屑，声称就算真的存在错误，人大常委会也管不了。

学法有疑

刘某的说法有依据吗？县级人大常委会是否有权撤销本级政府的错误命令？

法律讲堂

刘某的说法没有依据，县级人大常委会有权撤销本级政府的错误命令。我国《宪法》赋予人民代表大会常务委员会一系列职能，其中就包括对本级人民政府进行监督以及撤销其不适当的决定和命令的职能。《宪法》第一百零四条规定：“县级以上的地方各级人民代表大会常务委员会讨论、决定本行政区域内各方面工作的重大事项；监督本级人民政府、监察委员会、人民法院和人民检察院的工作；撤销本级人民政府的不适当的决定和命令；撤销下一级人民代表大会的不适当的决议；依照法律规定的权限决定国家机关工作人员的任免；在本级人民代表大会闭会期间，罢免和补选上一级人民代表大会的个别代表。”由此可见，该县的人大常委会有权对本级政府的工作进行监督，并且有权撤销该县县政府的错误命令，而刘某的说法是不懂法的表现。作为国家工作人员，应当时刻谨记守法、懂法是本分，为人民服务是根本，切不可为工作便利做出有违法律和正义之事。

法律条文

《中华人民共和国宪法》

第一百零四条 县级以上的地方各级人民代表大会常务委员会讨论、决定本行政区域内各方面工作的重大事项；监督本级人民政府、监察委员会、人民法院和人民检察院的工作；撤销本级人民政府的不适当的决定和命令；撤销下一级人民代表大会的不适当的决议；依照法律规定的权限决定国家机关工作人员的任免；在本级人民代表大会闭会期间，罢免和补选上一级人民代表大会的个别代表。

县级以上的地方各级人民代表大会常务委员会有权对本级人民政府进行监督，并有权撤销本级人民政府不适当的决定和命令。国家工作人员应当恪尽职守，为人民服务，学法、懂法、守法、用法，严格按照法律规定办事。

8. 公务人员的家属有宗教信仰自由吗?

案例背景

赵某是一名应届毕业生，毕业后成功进入家乡的县政府办公室工作。赵某在工作中任劳任怨，单位也对他进行了重点培养。但是，赵某的家庭与其他同事有一点不同，他的父母信奉基督教。赵某虽然不信教，但是从小受父母熏陶，也有点受基督教教习的影响。一日，同事劝他作为人民公务员，要崇尚唯物主义、无神论，如果父母坚持信教，就要与父母划清界限，绝对不能支持父母信奉基督教。赵某很疑惑，父母没有损害国家利益和他人利益，为什么不能信奉基督教?

学法有疑

公务人员的家属有宗教信仰自由吗?我国法律是怎样规定的?

法律讲堂

宗教信仰自由是国家赋予每个公民的基本权利，我国《宪法》第三十六条第一款、第二款规定："中华人民共和国公民有宗教信仰自由。任何国家机关、社会团体和个人不得强制公民信仰宗教或者不信仰宗教，不得歧视信仰宗教的公民和不信仰宗教的公民。"因此，作为中华人民共和国的公民，每个人都有宗教信仰自由，公务人员的家属也包括在内。当然，宗教信仰自由并不是无条件的自由，必须在法律允许的范围内，不能损害国家利益和他人利益，所进行的宗教活动也要遵守法律规定和社会秩序，不得损害公民身体健康、妨碍国家教育制度。上述案例中，赵某的父母所进行的宗教活动如果是在法律允许的范围内的，则其他人无权歧视，更无权干涉。

法律条文

《中华人民共和国宪法》

第三十六条 中华人民共和国公民有宗教信仰自由。

任何国家机关、社会团体和个人不得强制公民信仰宗教或者不信仰宗教，不得歧视信仰宗教的公民和不信仰宗教的公民。

国家保护正常的宗教活动。任何人不得利用宗教进行破坏社会秩序、损害公民身体健康、妨碍国家教育制度的活动。

宗教团体和宗教事务不受外国势力的支配。

宗教信仰自由是每个公民的一项基本权利，与家庭背景、职业、社会地位等无关，任何人不得干涉和歧视。同时，公民的宗教信仰自由要建立在遵守法律和社会秩序的基础上，不得损害国家利益和他人利益。

第 2 章

勤政为民，坚决依法行政
——行政法知识

9. 行政处罚中先裁决后取证的做法正确吗？

案例背景

梁某是一名货车司机，2018 年 4 月的一天，梁某根据单位要求运送半车化肥，在经过某国道某地区路段设立的交通检查站时，被交通检查站执勤人员高某要求缴付 50 元罚款。梁某疑惑地问为什么罚自己的钱，高某脱口而出："根据相关规定，罚款 50 元。"梁某追问："我违反什么规定了？"高某说："你超载了。"梁某生气地说道："我只拉了半车化肥就超载了？"高某回道："废什么话，态度不好，再罚 30 元。”

学法有疑

高某未经查明事实就对梁某作出行政处罚决定的做法正确吗？

法律讲堂

行政机关拥有在法定职权范围内实施行政处罚的权力，但是应当注意行政处罚的实施应当以事实为依据，以法律为准绳。脱离了事实或者法律依据，均不能行使这一职权。

我国《行政处罚法》第三十条明确规定：“公民、法人或者其他组织违反行政管理秩序的行为，依法应当给予行政处罚的，行政机关必须查明事实；违法事实不清的，不得给予行政处罚。”同时该法第三十一条规定：“行政机关在作出行政处罚决定之前，应当告知当事人作出行政处罚决定的事实、理由及依据，并告知当事人依法享有的权利。”由此可见，本案中交通检查站执勤人员高某的做法是不正确的，他只有在违法行为已经查清、证据充分的情况下，才能依法作出行政处罚决定，而不得未经查证就以任意理由对行为人作出处罚决定。

法律条文

《中华人民共和国行政处罚法》

第三十条 公民、法人或者其他组织违反行政管理秩序的行为，依法应当给予行政处罚的，行政机关必须查明事实；违法事实不清的，不得给予行政处罚。

第三十一条 行政机关在作出行政处罚决定之前，应当告知当事人作出行政处罚决定的事实、理由及依据，并告知当事人依法享有的权利。

在决定对行政相对人实施行政处罚时，行政机关应当谨慎行使自己的权力。应当先收集证据，查明事实，再在此基础上进行行政处罚。行政机关虽然行使了一部分国家权力，但也应当谨慎执法，依法办事，不要藐视行政相对人的权利。

10. 乡镇政府是否有权作出行政处罚?

案例背景

谢某是某村的村民，2017年11月，谢某在原宅基地之外自行建了一座住宅，并向村民们承诺在新房建成之后，一定把旧房拆除，把宅基地还给村委会处置。但是新房建成之后，谢某却迟迟不肯拆除旧房，这引发了村民们的不满。部分村民到镇政府上访，希望政府出面解决此事。镇政府经过调查，认为谢某的行为违反了《土地管理法》中一户只能有一处宅基地的规定，于是对谢某作出限期拆除老宅房屋，归还宅基地，并处以400元罚款的行政处罚决定。

学法有疑

该镇政府是否有权对谢某作出行政处罚决定呢?

法律讲堂

行政处罚权作为一项法定职权，并不是所有的行政机关都能行使的。根据我国《行政处罚法》的规定可知，能够行使行政处罚权的行政机关分为三类，包括具有法定行政处罚权的行政机关，法律、法规授权的具有管理公共事务职能的组织，受行政机关委托行使一定行政处罚权的受托组织。同时，该法第二十条明确规定：“行政处罚由违法行为发生地的县级以上地方人民政府具有行政处罚权的行政机关管辖。法律、行政法规另有规定的除外。”也就是说，只有县级以上的政府（包括县级政府）才有进行行政处罚的权力。本案涉及行政机关的职权问题，行政执法机关应依法行使职权。该镇政府不具有行政处罚资格，也没有经过有权机关授权，或者受有权机关委托，其行使的权力已超越了自身的权限，因此，该镇政府作出的行政处罚是无效的。

法律条文

《中华人民共和国行政处罚法》

第二十条 行政处罚由违法行为发生地的县级以上地方人民政府具有行政处罚权的行政机关管辖。法律、行政法规另有规定的除外。

一句话说法

依法行政是行政机关执法的基本原则，它要求行政机关行其政令，行其政事。所以，身为行政机关人员应当提高法律素质，明确自己手中的权力范围，不作越权的行政行为。

11. 对当事人的违法行为，刑事处罚和行政处罚可以并存吗?

案例背景

2019年2月，李某和袁某合伙开了一间加工厂，在没有取得《药品生产许可证》的情况下，生产加工了数十种药品，违法收入20余万元。该市药品监管局接到群众举报之后，对李某、袁某开设的假药制造窝点进行了查处，经过详细的调查之后，对二人作出了罚款和没收违法所得的行政处罚决定。鉴于案情重大，二人的违法行为可能已经触犯了刑法，药品监管局便依据相关规定将案件移送当地的公安机关。经过侦查、公诉和审理后，李某和袁某分别受到了有期徒刑的刑事处罚。

学法有疑

对当事人的同一个违法行为，既对其进行刑事制裁，又处以行政处罚的做法正确吗？

法律讲堂

同一个违法行为可能同时触犯刑法和行政法，这是两个不同法律部门的管辖范畴，二者在某些情况下是可以并存的。

如果违法行为已经构成犯罪，哪怕先进行了行政处罚，也要再处以刑事处罚，对此我国《行政处罚法》第七条第二款有明确的规定："违法行为构成犯罪，应当依法追究刑事责任，不得以行政处罚代替刑事处罚。"同时该法第二十二条还规定："违法行为构成犯罪的，行政机关必须将案件移送司法机关，依法追究刑事责任。"在这种情况下，行政处罚和刑事处罚是可以并存的。

本案中，药品监管局先对李某、袁某进行了行政处罚，但鉴于二人的行为已经构成犯罪，因此还要对其进行刑事处罚。这两种处罚的方式和种类都有很大的不同，有利于充分制裁违法犯罪行为。

法律条文

《中华人民共和国行政处罚法》

第七条 公民、法人或者其他组织因违法受到行政处罚，其违法行为对他人造成损害的，应当依法承担民事责任。

违法行为构成犯罪，应当依法追究刑事责任，不得以行政处罚代替刑事处罚。

第二十二条 违法行为构成犯罪的，行政机关必须将案件移送司法机关，依法追究刑事责任。

行政机关在决定对违法的当事人进行行政处罚时，应当分辨当事人的行为是否已经触犯了刑法，如果触犯了刑法应当及时移送司法机关。

12. 行政处罚权能否转委托？

案例背景

某地区的质量技术监督局按照法定程序将纺织品的质量监督行政处罚权委托给了本地区的纤维检验局行使。纤维检验局在某次的例行检查过程中，发现A服装制造公司存在以次充好的违法行为，在充分调查取证的基础上，纤维检验局又委托了该市的一个工商所，以纤维检验局的名义对该公司实施了行政处罚。

学法有疑

该纤维检验局是否可以将行政处罚权转委托给工商所呢？该案中的行政处罚行为存在哪些违法情形？

法律讲堂

行政机关可以在其法定权限内委托符合条件的组织实施行政处罚，对此我国《行政处罚法》第十八条有明确的规定："行政机关依照法律、法规或者规章的规定，可以在其法定权限内委托符合本法第十九条规定条件的组织实施行政处罚。行政机关不得委托其他组织或者个人实施行政处罚。委托行政机关对受委托的组织实施行政处罚的行为应当负责监督，并对该行为的后果承担法律责任。受委托组织在委托范围内，以委托行政机关名义实施行政处罚；不得再委托其他任何组织或者个人实施行政处罚。"

在本案中，质量技术监督局将质量监督的行政处罚权部分委托给纤维检验局是有法律依据的，但是受委托的纤维检验局在作出行政处罚时应当以委托行政机关即质量技术监督局的名义进行，并且纤维检验局不得再将自己的行政处罚权转委托。

法律条文

《中华人民共和国行政处罚法》

第十八条 行政机关依照法律、法规或者规章的规定，可以在其法定权限内委托符合本法第十九条规定条件的组织实施行政处罚。行政机关不得委托其他组织或者个人实施行政处罚。

委托行政机关对受委托的组织实施行政处罚的行为应当负责监督，并对该行为的后果承担法律责任。

受委托组织在委托范围内，以委托行政机关名义实施行政处罚；不得再委托其他任何组织或者个人实施行政处罚。

第十九条 受委托组织必须符合以下条件：

（一）依法成立的管理公共事务的事业组织；

（二）具有熟悉有关法律、法规、规章和业务的工作人员；

（三）对违法行为需要进行技术检查或者技术鉴定的，应当有条件组织进行相应的技术检查或者技术鉴定。

行政处罚权只能委托给行政机关或者符合条件的组织来行使，不能委托给不符合行政处罚法规定条件的组织行使，更不能委托给个人行使。而受委托的组织行使行政处罚权时应当在受委托的范围内进行，且不能再次转委托，否则就是无效的。

13. 行政强制执行是否可以委托他人实施？

案例背景

某村的村民高某违反规定在公路建筑保护区内修建了一座院墙，该县路政管理大队根据规定对高某作出了“限期拆除违章建筑，逾期不拆，将由路政大队强制拆除”的处理决定。到期之后，县路政管理大队去该村督促执行情况，发现违章建筑依旧没有拆除，且当事人既没有申请行政复议，也没有提起行政诉讼，于是县路政大队委托了乡政府用铲车将该违章建筑推倒。

学法有疑

县路政管理大队委托乡政府强制拆除违章建筑的做法合法吗？

法律讲堂

行政强制执行是指行政机关对不履行自己法定义务的当事人，依法强制其履行义务的行为。

根据我国《行政强制法》第五十条的规定可知，行政机关依法作出要求当事人履行排除妨碍、恢复原状等义务的行政决定，当事人逾期不履行，经催告仍不履行，其后果已经或者将危害交通安全、造成环境污染或者破坏自然资源的，行政机关可以代履行，或者委托没有利害关系的第三人代履行。

本案中县路政大队对高某作出限期拆除违章建筑的处理决定，正是要求当事人履行恢复原状的义务，由于高某是在公路建筑保护区内修建的院墙，考虑到当事人迟迟不履行拆除义务可能会危及交通安全，所以此时县路政大队委托乡政府代履行有利于维护公共安全和秩序，是有法律依据的。

法律条文

《中华人民共和国行政强制法》

第五十条 行政机关依法作出要求当事人履行排除妨碍、恢复原状等义务的行政决定，当事人逾期不履行，经催告仍不履行，其后果已经或者将危害交通安全、造成环境污染或者破坏自然资源的，行政机关可以代履行，或者委托没有利害关系的第三人代履行。

行政强制权属于行政机关的法定职权，它包括行政强制措施和行政强制执行两个方面的内容。对于行政强制权的委托，我国法律给出了明确的规定，即行政强制措施在任何情况下都不允许委托，而行政强制执行在符合代履行的情况下才能委托。这两个方面的权力要注意区分，依法行使。

14. 行政处罚有时效期间吗?

案例背景

2014年11月23日，某省中医药管理局接到了一通举报电话，举报称患者高某燕在某市中医医院安装心脏起搏器后，因为起搏器的参数设置不当，导致患者在诊疗过程中死亡。同年12月，某省中医药管理局经过调查发现，某市中医医院在为患者高某燕实施心脏起搏器植入术时，并没有取得实施该项诊疗技术的资格。但是该省中医药管理局只是要求该市中医医院与患者家属保持积极沟通并做出情况报告，并没有对其作出行政处罚。2019年1月，当事人高某燕之女罗某以某省中医药管理局未履行行政处罚职责为由，向法院提起了行政诉讼。法院经过审理判决某省中医药管理局在30日内对该案立案并依法处理。于是，2019年2月13日，某省中医药管理局对某市中医医院作出警告和罚款5000元的行政处罚。

学法有疑

该省中医药管理局是否在任何时候均能对某市中医医院作出行政处罚呢？行政处罚是否有时效限制？

法律讲堂

我国《行政处罚法》第二十九条规定："违法行为在二年内未被发现的，不再给予行政处罚。法律另有规定的除外。前款规定的期限，从违法行为发生之日起计算；违法行为有连续或者继续状态的，从行为终了之日起计算。"

由此可见，行政处罚是有时间限制的，如果超过了这个时效期间，行政机关就不能再对违法行为进行处罚。本案中某市中医医院的违法行为发生在2014年11月，某省中医药管理局对其作出行政处罚的时间是2019年2月13日，虽然乍一看该行为已经超过了两年的时效期间，但是应当注意某市中医医院的违法行为在 2014 年 12 月就已经被某省中医药管理局发现。也就是说，行政机关于违法行为发生之日起两年内发现了违法行为，因此，虽然某省中医药管理局 2019 年 2 月 13 日才对该中医医院作出行政处罚，但是该行政处罚仍旧是有效的。

法律条文

《中华人民共和国行政处罚法》

第二十九条 违法行为在二年内未被发现的，不再给予行政处罚。法律另有规定的除外。

前款规定的期限，从违法行为发生之日起计算；违法行为有连续或者继续状态的，从行为终了之日起计算。

行政处罚存在时效期间，行政机关应当把握好这一时效期间，努力提高工作积极性和工作效率，务必在处罚时效期间内制裁违法行为，从而达到保护人民的权益、维护政府权威的目的。

15. 行政机关申请人民法院强制执行，执行费用由谁承担？

案例背景

某村分为前村和后村，共用一个蓄水池灌溉。某天，前村的村民周某因建设某工程需要开始在蓄水池填土动工，招致后村村民的不满，于是举报到了镇政府办公室。镇政府经过调查后作出了处理决定，认定该蓄水池属于后村所有，责令周某一个月内将蓄水池恢复原状。周某接到处罚决定后，既没有申请行政复议，也没有提起行政诉讼，而且经镇政府催告后仍不履行。于是镇政府向人民法院申请强制执行。

学法有疑

镇政府向人民法院申请强制执行是否需要缴纳申请费？人民法院强制执行的费用又该由谁承担呢？

法律讲堂

本案涉及强制执行的费用承担问题，对此我国《行政强制法》第六十条有明确的规定："行政机关申请人民法院强制执行，不缴纳申请费。强制执行的费用由被执行人承担。人民法院以划拨、拍卖方式强制执行的，可以在划拨、拍卖后将强制执行的费用扣除。依法拍卖财物，由人民法院委托拍卖机构依照《中华人民共和国拍卖法》的规定办理。划拨的存款、汇款以及拍卖和依法处理所得的款项应当上缴国库或者划入财政专户，不得以任何形式截留、私分或者变相私分。"

由此可见，本案中镇政府作为申请法院强制执行的行政机关，是不需要缴纳申请费的，法院强制执行的费用应当由被执行人周某承担。

法律条文

《中华人民共和国行政强制法》

第六十条 行政机关申请人民法院强制执行，不缴纳申请费。强制执行的费用由被执行人承担。

人民法院以划拨、拍卖方式强制执行的，可以在划拨、拍卖后将强制执行的费用扣除。

依法拍卖财物，由人民法院委托拍卖机构依照《中华人民共和国拍卖法》的规定办理。

划拨的存款、汇款以及拍卖和依法处理所得的款项应当上缴国库或者划入财政专户，不得以任何形式截留、私分或者变相私分。

行政机关本身不具有强制执行权，应当申请人民法院强制执行。人民法院拥有强制执行的权力，但也要注意依法办事，尤其是以划拨、拍卖方式强制执行的，划拨的存款、汇款以及拍卖和依法处理所得的款项应当上缴国库或者划入财政专户，不得以任何形式截留、私分或者变相私分。

16. 在什么情况下，国家机关无须承担国家赔偿责任？

案例背景

罗某经营着一家重庆面馆，生意一直非常火爆。某公安局工作人员邵某看到之后就打算去罗某的餐馆捞上一笔。某天，邵某对罗某说自己最近缺钱花，威胁罗某接济自己一点。罗某知晓邵某在公安局工作，担心自己的餐馆经营出现问题，迫于形势，就当场给了邵某 500 元现金。

学法有疑

对于罗某所遭受的财产损失，公安机关需要承担国家赔偿责任吗？

法律讲堂

国家机关和国家机关工作人员是实现国家机器运转的代理人，一般情况下其在行使职权过程中产生的侵权责任由国家承担，对此我国《国家赔偿法》第二条第一款有明确规定："国家机关和国家机关工作人员行使职权，有本法规定的侵犯公民、法人和其他组织合法权益的情形，造成损害的，受害人有依照本法取得国家赔偿的权利。"

但是，这并不意味着国家需要对国家机关工作人员的所有行为负责，我国《国家赔偿法》第五条规定了国家不承担赔偿责任的情形，包括：（一）行政机关工作人员与行使职权无关的个人行为；（二）因公民、法人和其他组织自己的行为致使损害发生的；（三）法律规定的其他情形。

本案中，邵某虽然身为国家工作人员，但是其向罗某索要钱财的行为并不是出于履行公务的需要，不属于职权行为，而是为了满足私人利益的个人行为。对于罗某的经济损失，应当由邵某个人来承担相应责任，而不是由公安局承担国家赔偿责任。

法律条文

《中华人民共和国国家赔偿法》

第二条 国家机关和国家机关工作人员行使职权，有本法规定的侵犯公民、法人和其他组织合法权益的情形，造成损害的，受害人有依照本法取得国家赔偿的权利。

本法规定的赔偿义务机关，应当依照本法及时履行赔偿义务。

第五条 属于下列情形之一的，国家不承担赔偿责任：

（一）行政机关工作人员与行使职权无关的个人行为；

（二）因公民、法人和其他组织自己的行为致使损害发生的；

（三）法律规定的其他情形。

并不是国家工作人员的所有行为都由国家负责，如果国家工作人员的行为是为了个人利益而不是国家利益，就不是在行使行政职权，而是参与公民的民事法律活动，此时对他人权益造成的损失应当由本人承担。

17. 行政复议期间，行政处罚是否可以停止执行？

案例背景

张某经当地工商部门批准开办了一家文化用品店。一日，工商所接到举报称张某的店内贩卖淫秽书刊。经过调查，工商所决定对张某处以1000元罚款，并吊销营业执照。张某不服，称自己并没有贩卖淫秽书刊，就向工商局申请了行政复议。行政复议期间，张某向工商局申请停止执行行政处罚，称如果继续执行的话会极大地影响自己店铺的声誉。

学法有疑

在行政复议期间，行政机关作出的行政处罚是否可以停止执行？

法律讲堂

行政机关行使着国家职权，为了保证行政机关的威信，具体行政行为一般是不会被停止执行的。但是也存在特殊的情况，我国《行政复议法》第二十一条规定：“行政复议期间具体行政行为不停止执行；但是，有下列情形之一的，可以停止执行：（一）被申请人认为需要停止执行的；（二）行政复议机关认为需要停止执行的；（三）申请人申请停止执行，行政复议机关认为其要求合理，决定停止执行的；（四）法律规定停止执行的。”本案中张某申请停止执行，如果行政复议机关即工商局认为申请人提出的要求合理的，可以决定停止执行。

法律条文

《中华人民共和国行政复议法》

第二十一条 行政复议期间具体行政行为不停止执行；但是，有下列情形之一的，可以停止执行：

（一）被申请人认为需要停止执行的；

（二）行政复议机关认为需要停止执行的；

（三）申请人申请停止执行，行政复议机关认为其要求合理，决定停止执行的；

（四）法律规定停止执行的。

一句话说法

行政复议期间，如果行政相对人申请停止执行具体行政行为的，行政复议机关应当及时审查其要求是否合理，谨慎行使自由裁量权，权衡好行政行为的威信力和相对人的权利之间的关系，再作出是否停止执行的决定。

18. 收到行政复议申请书副本后，行政机关是否可以进行口头答复？

案例背景

A县县政府为了扶持本地区的酒业市场，规定凡是外地生产的酒水进入本地市场，均需要获得政府发放的销售许可证。甲百货商场在未经许可的情况下销售了B县生产的一款酒，被A县县政府罚款5000元。甲商场不服，向A县县政府的上级某政府申请了行政复议。在接到上级发放的行政复议申请书副本后，A县县领导通过电话向上级领导进行了口头答复。

学法有疑

收到行政复议申请书副本的行政机关是否可以进行口头答复？

法律讲堂

A县县领导不可以只进行口头答复。根据我国《行政复议法》第二十三条规定可知，行政复议机关负责法制工作的机构应当自行政复议申请受理之日起七日内，将行政复议申请书副本或者行政复议申请笔录复印件发送被申请人。被申请人应当自收到申请书副本或者申请笔录复印件之日起十日内，提出书面答复，并提交当初作出具体行政行为的证据、依据和其他有关材料。也就是说，行政复议的被申请人，即作出具体行政行为的行政机关在收到行政复议申请书副本时，应当在十日内作出书面答复。所以本案中A县县领导通过电话向上级领导口头答复的行为是不合法的，应当作出书面答复。

法律条文

《中华人民共和国行政复议法》

第二十三条 行政复议机关负责法制工作的机构应当自行政复议申请受理之日起七日内，将行政复议申请书副本或者行政复议申请笔录复印件发送被申请人。被申请人应当自收到申请书副本或者申请笔录复印件之日起十日内，提出书面答复，并提交当初作出具体行政行为的证据、依据和其他有关材料。

申请人、第三人可以查阅被申请人提出的书面答复、作出具体行政行为的证据、依据和其他有关材料，除涉及国家秘密、商业秘密或者个人隐私外，行政复议机关不得拒绝。

行政复议是行政相对人不服具体行政行为时的一种救济手段，具有督促行政机关依法、合理行政，保护相对人权益的重要意义。因此，在相对人提起行政复议时，行政机关更应该依法办事，积极配合。

19. 行政许可被撤回，当事人因此遭受的损失由谁承担？

案例背景

袁某于2012年3月获得了某县国土局发放的采矿许可证，并办理了相关手续，合法生产经营。2018年，因为上级部门的环保督查，该县国土局决定停关全县所有的矿厂。2018年12月，袁某的矿厂被迫关停，袁某因此损失近50万元。袁某非常气愤，自己有许可证办厂，说关就关了，上哪儿说理去？

学法有疑

袁某的矿厂因为行政许可被撤回而遭受的损失应当由谁承担？

法律讲堂

行政许可作为一种行政行为，应当具有确定性和公信力，不能随便更改，这是出于对当事人的保护。在没有法定事由的前提下，如果朝令夕改必定会对政府公信力造成巨大损害。对此我国《行政许可法》第八条有明确的规定："公民、法人或者其他组织依法取得的行政许可受法律保护，行政机关不得擅自改变已经生效的行政许可。行政许可所依据的法律、法规、规章修改或者废止，或者准予行政许可所依据的客观情况发生重大变化的，为了公共利益的需要，行政机关可以依法变更或者撤回已经生效的行政许可。由此给公民、法人或者其他组织造成财产损失的，行政机关应当依法给予补偿。"

本案中，某县国土局基于公共利益的需要对尚处在有效期内的许可证予以撤回，直接导致袁某的矿厂停产，并因此损失近50万元，这笔损失应当由县国土局依法给予补偿。

法律条文

《中华人民共和国行政许可法》

第八条 公民、法人或者其他组织依法取得的行政许可受法律保护，行政机关不得擅自改变已经生效的行政许可。

行政许可所依据的法律、法规、规章修改或者废止，或者准予行政许可所依据的客观情况发生重大变化的，为了公共利益的需要，行政机关可以依法变更或者撤回已经生效的行政许可。由此给公民、法人或者其他组织造成财产损失的，行政机关应当依法给予补偿。

行政许可不能随便撤回，如果不是基于当事人自身的原因导致行政许可被撤回的，行政机关都应当给予合理补偿。这不仅是法律规定，更应该成为行政机关为了提升公信力而采取的自觉行动。

20. 将举报信转交给被揭发人的，会受到怎样的处罚？

案例背景

黄某是某房地产开发公司杭州分公司的副经理，多年以来，黄某利用自己负责该公司招标投标项目的便利，经常收受贿赂，总额达到800多万元。某次，黄某收受了高某20万元，但是未能办成高某请托之事，高某怀恨在心，就向信访办投递了举报信。信访办工作人员接到检举材料之后，考虑到黄某平时与信访办领导关系很好，便转而将检举信交给了黄某本人。

学法有疑

信访办工作人员将检举材料转交给被检举人的，会受到什么处罚？

法律讲堂

检举是每个公民的权利，遇到违法乱纪的行为，每个公民都有权利向行政机关举报，以惩罚违法犯罪行为。接收到检举材料的行政机关工作人员应当铁面无私，而不应该受私人关系的影响，否则就会受到相应的处罚。对此，《信访条例》第二十三条规定：“行政机关及其工作人员不得将信访人的检举、揭发材料及有关情况透露或者转给被检举、揭发的人员或者单位。”同时，该条例第四十四条第一款还规定了相应的处罚：“行政机关工作人员违反本条例规定，将信访人的检举、揭发材料或者有关情况透露、转给被检举、揭发的人员或者单位的，依法给予行政处分。”本案中，信访办工作人员接到检举材料之后，不但没有及时展开调查，反而因为私心将检举材料转交给了被检举者黄某，违反了《信访条例》相关规定，应当依法受到行政处分。

法律条文

《信访条例》

第二十三条 行政机关及其工作人员不得将信访人的检举、揭发材料及有关情况透露或者转给被检举、揭发的人员或者单位。

第四十四条 行政机关工作人员违反本条例规定，将信访人的检举、揭发材料或者有关情况透露、转给被检举、揭发的人员或者单位的，依法给予行政处分。

行政机关工作人员在处理信访事项过程中，作风粗暴，激化矛盾并造成严重后果的，依法给予行政处分。

一句话说法

行政机关是为人民服务的机关，应当充分维护人民的利益。接到检举材料的行政机关应当保护好检举人的信息，及时审查检举材料，调查、核实检举的事实是否存在，不能存有私心，否则既会有损政府公信力，又会损害人民利益。

第3章 雷霆万钧，共建高效监察体制——监察法知识

21. 哪些人员应当接受监察？

案例背景

某国有机械厂副厂长张某与妻子结婚多年一直没有子女，直到不惑之年，才有了一个女儿，夫妻二人对女儿视若掌上明珠。转眼间，女儿长大成人，到了结婚的年龄，而张某也快要退休了。张某就想趁自己退休前为女儿操办婚事，也趁机最后捞一把油水。女儿结婚前夕，前来送礼的人络绎不绝。婚宴当天，张某更是大摆宴席，大宴宾客。结果，就在张某退休前几个月，该县纪委监察委接到群众举报，对张某违规为女儿操办婚宴一事展开了调查。直到张某接到纪委监察委的电话时，他还认为自己是企业领导，不受政府监督管理。

学法有疑

张某的想法对吗？哪些人员应当接受监察委员会的监察？

法律讲堂

律人者必先自律，中国共产党是中国特色社会主义事业的领导核心，代表中国最广大人民的根本利益，党的根本宗旨是全心全意为人民服务，党员干部必须廉洁奉公。然而，目前党内仍有些党员

干部大搞不正之风，严重损害了党的形象，破坏了党的作风。各级监察委员会是行使国家监察职能的专责机关，依照《监察法》对所有行使公权力的公职人员进行监察，调查职务违法和职务犯罪，开展廉政建设和反腐败工作，维护宪法和法律的尊严。

按照我国《监察法》第十五条的规定："监察机关对下列公职人员和有关人员进行监察：（一）中国共产党机关、人民代表大会及其常务委员会机关、人民政府、监察委员会、人民法院、人民检察院、中国人民政治协商会议各级委员会机关、民主党派机关和工商业联合会机关的公务员，以及参照《中华人民共和国公务员法》管理的人员；（二）法律、法规授权或者受国家机关依法委托管理公共事务的组织中从事公务的人员；（三）国有企业管理人员；（四）公办的教育、科研、文化、医疗卫生、体育等单位中从事管理的人员；（五）基层群众性自治组织中从事管理的人员；（六）其他依法履行公职的人员。"由此可见，无论是机关单位，还是企事业单位，凡是依法履行公职的人员，即使并非党员干部，都要受到监察机关的监察。本案中，张某是某国有机械厂的副厂长，属于国有企业管理人员，因此，其应当受到监察机关的监督管理，张某应当以身作则，严格遵守中央八项规定，不得为子女大操大办婚事，否则必将受到党纪的处分。

法律条文

《中华人民共和国监察法》

第十五条 监察机关对下列公职人员和有关人员进行监察：

（一）中国共产党机关、人民代表大会及其常务委员会机关、人民政府、监察委员会、人民法院、人民检察院、中国人民政治协商会议各级委员会机关、民主党派机关和工商业联合会机关的公务员，以及参照《中华人民共和国公务员法》管理的人员；

（二）法律、法规授权或者受国家机关依法委托管理公共事务的组织中从事公务的人员；

（三）国有企业管理人员；

（四）公办的教育、科研、文化、医疗卫生、体育等单位中从事管理的人员；

（五）基层群众性自治组织中从事管理的人员；

（六）其他依法履行公职的人员。

所有党员干部，即使是国有企业、事业单位中的人员，只要其履行公务职责，就要受到各级监察委员会的监察。

22. 未如实向监察机关提供情况的，会有怎样的后果？

案例背景

柴某，男，中共党员，某市某区招商引资办公室主任。近几年来，该区为加快工业园区建设，加大了对外招商引资的工作力度。柴某利用自己手中的职权，大肆贪污重点项目建设资金，还包养了某重点项目负责人董某。在一次全市干部作风整顿中，柴某的违法违纪行为被查实。根据知情人士提供的线索，市纪委监察委联系到了柴某的情人董某，但因二人之间利益关系复杂，无论办案人员如何做工作，董某都拒不如实供述柴某的财产来源。

学法有疑

董某的做法对吗？她应该怎么做？

法律讲堂

综观近几年来的贪污腐败案件，很多落马干部都存在官商勾结现象，小集团内部形成利益联合体，大肆进行权钱交易。这些干部在各种诱惑、谄媚中逐渐迷失自我，丧失了党性。当违纪党员被查处时，与其相关的利害关系人为了保住自己的钱权，拒不配合相关部门调查。殊不知，这种行为也违反了法律规定，甚至有包庇犯罪之嫌。

根据《监察法》第十八条的规定，监察机关行使监督、调查职权，有权依法向有关单位和个人了解情况，收集、调取证据。有关单位和个人应当如实提供，不得伪造、隐匿或者毁灭证据。同时，该法第六十三条规定："有关人员违反本法规定，有下列行为之一的，由其所在单位、主管部门、上级机关或者监察机关责令改正，依法给予处理：（一）不按要求提供有关材料，拒绝、阻碍调查措施实施等拒不配合监察机关调查的；（二）提供虚假情况，掩盖事实真相的……"因此，监察机关向有关人员调查情况的，任何单位和个人都必须按照要求如实提供有关情况，不得虚假陈述，否则将由其所在单位、主管部门、上级机关或者监察机关责令改正，依法给予处理。本案中，柴某作为招商引资办公室主任，贪污重点项目资金，与重点项目负责人利益勾结，必将受到法律的严惩。董某作为案件的知情人，在市纪委监察委向其了解情况时，必须如实提供，否则，也将受到惩处。

法律条文

《中华人民共和国监察法》

第十八条 监察机关行使监督、调查职权，有权依法向有关单位和个人了解情况，收集、调取证据。有关单位和个人应当如实提供。

监察机关及其工作人员对监督、调查过程中知悉的国家秘密、商业秘密、个人隐私，应当保密。

任何单位和个人不得伪造、隐匿或者毁灭证据。

第六十三条 有关人员违反本法规定，有下列行为之一的，由其所在单位、主管部门、上级机关或者监察机关责令改正，依法给予处理：

（一）不按要求提供有关材料，拒绝、阻碍调查措施实施等拒不配合监察机关调查的；

（二）提供虚假情况，掩盖事实真相的；

（三）串供或者伪造、隐匿、毁灭证据的；

（四）阻止他人揭发检举、提供证据的；

（五）其他违反本法规定的行为，情节严重的。

监察机关依法行使监督、调查职权，任何单位和个人都必须予以配合，应当如实提供知悉、掌握的证据材料及有关情况，不得伪造、隐匿或者毁灭证据，否则就属于违法违纪行为，将由其所在单位、主管部门、上级机关或者监察机关责令改正，依法给予处理，得不偿失。

23. 在哪些情形下，被调查人可能会被建议从宽处罚？

案例背景

陈某，中共党员，毕业后分配到某县某乡任民政所所长，负责辖区内的社会服务、惠民补贴、危房改造等工作。随着在农村工作阅历的增加，陈某逐渐淡漠了党政纪律，下村开展工作时，经常借机吃拿卡要，村民只要想申领危房改造款，就必须给陈某送红包。几年下来，陈某收到的红包累计有10多万元。今年正好赶上县里进行干部作风整顿，处理了不少违纪干部，陈某被群众举报，县检察院以陈某涉嫌受贿对其开展了调查。陈某非常害怕，就主动找到县纪委监察委书记汇报了此事，并将收受的红包一并上交。后经县纪委监察委集体讨论，向县检察院提出了从宽处罚建议。

学法有疑

陈某是否应该被从宽处罚呢？

法律讲堂

国家监察机关开展反腐败工作，始终坚持以事实为依据，以法律为准绳的基本原则，但是反腐的根本目的是倡廉，因此，我国监察机关对于干部的违法违纪行为，还坚持惩戒与教育相结合的原则，本着“惩前毖后，治病救人”的宗旨，对于主动汇报、真心悔过、积极改错的干部，宽大处理；对于那些知法犯法、不知悔改的干部，从严惩治。

按照我国《监察法》第三十一条的规定：“涉嫌职务犯罪的被调查人主动认罪认罚，有下列情形之一的，监察机关经领导人员集体研究，并报上一级监察机关批准，可以在移送人民检察院时提出从宽处罚的建议：（一）自动投案，真诚悔罪悔过的；（二）积极配合调查工作，如实供述监察机关还未掌握的违法犯罪行为的；（三）积极退赃，减少损失的；（四）具有重大立功表现或者案件涉及国家重大利益等情形的。”该法第三十二条规定：“职务违法犯罪的涉案人员揭发有关被调查人职务违法犯罪行为，查证属实的，或者提供重要线索，有助于调查其他案件的，监察机关经领导人员集体研究，并报上一级监察机关批准，可以在移送人民检察院时提出从宽处罚的建议。”由此可见，国家监察机关与审判机关、检察机关、执法部门在办理职务违法和职务犯罪案件时，会相互配合。对于涉嫌职务犯罪的被调查人和涉案人员，如果真心悔过，积极改正，或者主动自首，有重大立功表现的，监察机关有权向检察院提出从宽处罚的建议。本案中，陈某的行为已经涉嫌职务犯罪，因其在被检察机关调查时，主动向县纪委监察委汇报，并积极退赃，符合上文规定的从宽处罚的条件，因此，陈某可以被从宽处罚。

法律条文

《中华人民共和国监察法》

第三十一条 涉嫌职务犯罪的被调查人主动认罪认罚，有下列情形之一的，监察机关经领导人员集体研究，并报上一级监察机关批准，可以在移送人民检察院时提出从宽处罚的建议：

（一）自动投案，真诚悔罪悔过的；

（二）积极配合调查工作，如实供述监察机关还未掌握的违法犯罪行为的；

（三）积极退赃，减少损失的；

（四）具有重大立功表现或者案件涉及国家重大利益等情形的。

第三十二条 职务违法犯罪的涉案人员揭发有关被调查人职务违法犯罪行为，查证属实的，或者提供重要线索，有助于调查其他案件的，监察机关经领导人员集体研究，并报上一级监察机关批准，可以在移送人民检察院时提出从宽处罚的建议。

一句话说法

党员干部应当严格遵守法律法规，自觉抵制腐败。如果涉嫌职务犯罪，则要主动投案自首，真心悔过改正，积极配合有关部门的调查，弥补自己的违法违纪行为所造成的严重后果，这既是悔改的表现，也是争取从宽处理的依据。

24. 监察机关查明冻结的财产与案件无关后，应在多久内解冻？

案例背景

吴某，中共党员，某县县委书记。2013年至2016年，吴某在任县委书记期间，利用该县老城区改造、城市污水管网改造、重点项目建设等契机，贪污公款1000余万元。后据监察机关调查，查明吴某家中有大量现金、名表、豪车，吴某名下还有多套房产，办案人员将这些资产全部予以冻结。经过进一步调查核实，吴某名下有一套200平方米的花园别墅，是其继承所得。

学法有疑

对于监察人员查明冻结吴某的这套房产，应在多久内予以解冻？

法律讲堂

在现实生活中，涉及财产纠纷或者财产犯罪，被怀疑财产来源不明的，司法机关都会采取查封、冻结、扣押等保全措施，以便于将来案件的顺利执行。但是，如果查明这些财产并非涉案相关财产，司法机关应当在一定期限内予以解封、解冻、解除扣押，以保障公民合法私有财产不受侵犯的权利。事实上，这一保全措施对监察机关办案而言，同样适用。

我国《监察法》第二十三条规定："监察机关调查涉嫌贪污贿赂、失职渎职等严重职务违法或者职务犯罪，根据工作需要，可以依照规定查询、冻结涉案单位和个人的存款、汇款、债券、股票、基金份额等财产。有关单位和个人应当配合。冻结的财产经查明与案件无关的，应当在查明后三日内解除冻结，予以退还。"如果监察机关及其工作人员滥用职权，查封、扣押、冻结与案件无关的财物，应当解除查封、扣押、冻结措施而不解除的，根据该法第六十条的规定，被调查人及其近亲属有权向该监察机关提出申诉，要求其解除查封、扣押、冻结措施。在本案中，吴某涉嫌职务犯罪，监察机关有权查封、扣押、冻结其名下的财产，但由于后期查明吴某名下的一栋花园别墅系继承所得，则该财产与案件无关，监察机关应当在查明后的三日内解除冻结，予以退还，否则吴某及其家人可以向监察机关提出申诉。

法律条文

《中华人民共和国监察法》

第二十三条 监察机关调查涉嫌贪污贿赂、失职渎职等严重职务违法或者职务犯罪，根据工作需要，可以依照规定查询、冻结涉案单位和个人的存款、汇款、债券、股票、基金份额等财产。有关单位和个人应当配合。

冻结的财产经查明与案件无关的，应当在查明后三日内解除冻结，予以退还。

第六十条 监察机关及其工作人员有下列行为之一的，被调查人及其近亲属有权向该机关申诉：

……

（二）查封、扣押、冻结与案件无关的财物的；

（三）应当解除查封、扣押、冻结措施而不解除的；

……

受理申诉的监察机关应当在受理申诉之日起一个月内作出处理决定。申诉人对处理决定不服的，可以在收到处理决定之日起一个月内向上一级监察机关申请复查，上一级监察机关应当在收到复查申请之日起二个月内作出处理决定，情况属实的，及时予以纠正。

“莫伸手，伸手必被抓。”这句话对依法履行公职的人员同样适用，一旦其涉嫌职务违法犯罪，监察机关、司法机关必将对其展开调查，严惩其违法违纪行为，对于其因违法犯罪所得的财产，也会予以查封、扣押、冻结。

25. 在哪些情况下，被调查人可以被留置?

案例背景

赵某，男，中共党员，S省某市原市委书记。2015年至2018年，赵某利用其职务上的便利，收受有关单位和个人给予的财物，共计折合人民币2亿余元，并为有关单位和个人牟取工程承揽、职务调动、就职就业、房地产投资经营等事项上的利益。2019年3月，赵某被S省纪委监察委立案调查。后经查明，赵某的妻子、孩子早于2016年移民美国。赵某得知自己被调查的消息后，已经办理好了移民手续，准备潜逃出国。为此，S省纪委监察委立即决定对赵某采取留置措施。

学法有疑

S省纪委监察委可以对赵某进行留置吗?在哪些情况下，被调查人可以被留置?

法律讲堂

监察机关行使留置权，与司法机关实行拘留、监视居住等刑事强制措施，都是涉及公民人身自由的一项强制措施，旨在强制违法犯罪嫌疑人到案接受调查，加快案件调查处理工作的进行。由于这一强制措施涉及公民的人身自由，因此在具体适用和操作中应严格遵守相关法律规定，在对于不符合条件的，不得以留置为由限制其人身自由。那么，究竟在哪些情况下，对哪些人才可以适用留置呢?

我国《监察法》第二十二条第一款、第二款明确规定："被调查人涉嫌贪污贿赂、失职渎职等严重职务违法或者职务犯罪，监察机关已经掌握其部分违法犯罪事实及证据，仍有重要问题需要进一步调查，并有下列情形之一的，经监察机关依法审批，可以将其留置在特定场所：（一）涉及案情重大、复杂的；（二）可能逃跑、自杀的；（三）可能串供或者伪造、隐匿、毁灭证据的；（四）可能有其他妨碍调查行为的。对涉嫌行贿犯罪或者共同职务犯罪的涉案人员，监察机关可以依照前款规定采取留置措施。”由此可见，如果当事人涉嫌职务违法或职务犯罪，或者系职务违法犯罪共犯的，监察机关已经掌握其部分违法犯罪事实及证据，仍有重要问题需要进一步调查，而且涉及案情重大、复杂，或者涉案人员存在可能自杀、逃跑、串供、破坏证据等妨碍调查行为的，监察机关就可以依法行使留置权，确保涉案人员配合调查。本案中，赵某涉嫌贪污受贿罪，其早已将妻子、孩子送至国外，属于典型的“裸官”，而且被监察部门调查后，赵某办理了出国手续，可能逃跑，非常不利于案件的调查，因此，S 省纪委监察委有权对赵某作出留置决定。

法律条文

《中华人民共和国监察法》

第二十二条 被调查人涉嫌贪污贿赂、失职渎职等严重职务违法或者职务犯罪，监察机关已经掌握其部分违法犯罪事实及证据，仍有重要问题需要进一步调查，并有下列情形之一的，经监察机关依法审批，可以将其留置在特定场所：

（一）涉及案情重大、复杂的；

（二）可能逃跑、自杀的；

（三）可能串供或者伪造、隐匿、毁灭证据的；

（四）可能有其他妨碍调查行为的。

对涉嫌行贿犯罪或者共同职务犯罪的涉案人员，监察机关可以依照前款规定采取留置措施。

留置场所的设置、管理和监督依照国家有关规定执行。

迷途知返，尚未晚矣！党员干部，尤其是党员领导干部，由于

纪律意识淡薄，或者一时糊涂涉嫌职务违法犯罪后，要积极悔改，配合监察部门的工作，争取宽大处理，切不可错上加错，妨碍案件调查。

26. 留置的期限最长为多久？留置期限如何折抵刑期？

案例背景

刘某，女，中共党员，2001 年大学毕业后参加公务员考试，进入某县某乡镇工作。刘某不甘于平庸，不停追逐事业上的成功，不断地学习、考试，同时请客、送礼，寻找、积攒人脉。短短几年时间，刘某就进入了县常委班子。由于常年专注于工作，刘某对丈夫和儿子疏于关心照顾。2016 年，忍无可忍的丈夫终于向刘某提出了离婚。之后，刘某更加热衷于向上攀爬。直到 2019 年 7 月，某市监察委办案人员因刘某存在严重职务违法问题将其带走，刘某才懊悔万分。夫妻离异，儿子不亲，刘某万念俱灰，自杀未遂，最终被监察委留置调查，而等待刘某的还有漫长的牢狱生活。

学法有疑

某市监察委最长可以留置刘某多久？留置的期限可以折抵刘某的刑期吗，如何折抵？

法律讲堂

留置的立法初衷是便于监察机关调查案情，但由于留置涉及对公民人身自由的限制，因此，不能无期限地以调查案情为由，变相侵害公民的人身自由权。因此，立法部门在设立留置权的同时，严格限制了留置的期限，明确规定了留置期限可以折抵刑期。

根据我国《监察法》第四十三条第二款、第四十四条第三款的规定，留置时间不得超过三个月。在特殊情况下，可以延长一次，延长时间不得超过三个月。省级以下监察机关采取留置措施的，延长留置时间应当报上一级监察机关批准。监察机关发现采取留置措施不当的，应当及时解除。被留置人员涉嫌犯罪移送司法机关后，被依法判处管制、拘役和有期徒刑的，留置一日折抵管制二日，折抵拘役、有期徒刑一日。同时，该法第六十条规定了监察机关及其工作人员在被调查人的留置期满后，不予以解除的，被调查人及其近亲属有权提出申诉。本案中，刘某因违法违纪被市纪委监察委调查，由于其自杀未遂，市纪委监察委可以对其采取留置措施。但是，一般而言，留置的时间不得超过三个月。因案情特殊需要延长的，经上一级监察机关批准，可以延期三个月。留置期满后，监察机关必须及时予以解除。对于刘某的留置期限，当其被移送司法机关判刑后，留置一日折抵管制二日，折抵拘役、有期徒刑一日，具体可以折抵多久刑期，与刘某最后判处的刑罚有关。

法律条文

《中华人民共和国监察法》

第四十三条第二款 留置时间不得超过三个月。在特殊情况下，可以延长一次，延长时间不得超过三个月。省级以下监察机关采取留置措施的，延长留置时间应当报上一级监察机关批准。监察机关发现采取留置措施不当的，应当及时解除。

第四十四条第三款 被留置人员涉嫌犯罪移送司法机关后，被依法判处管制、拘役和有期徒刑的，留置一日折抵管制二日，折抵拘役、有期徒刑一日。

第六十条 监察机关及其工作人员有下列行为之一的，被调查人及其近亲属有权向该机关申诉：

（一）留置法定期限届满，不予以解除的；

……

受理申诉的监察机关应当在受理申诉之日起一个月内作出处理决定。申诉人对处理决定不服的，可以在收到处理决定之日起一个月内向上一级监察机关申请复查，上一级监察机关应当在收到复查申请之日起二个月内作出处理决定，情况属实的，及时予以纠正。

为了便于调查案情，监察机关及其工作人员有权对被调查人采取留置措施，这是监察委员会的职责权限，也是工作需要。党员干部要自觉做到勤政廉洁，涉嫌职务违法犯罪后，要认真配合监察机关办案，如果被采取留置措施，司法机关会依法将留置时间折抵刑期。

27. 被调查人被留置后，监察机关一定会通知其所在单位和家属吗？

案例背景

孙某来自某市某县东部山区，靠自己一路摸爬滚打，2013 年担任某市某区财政局常务副局长。自从当上财政局常务副局长后，孙某常常感叹自己仕途艰辛，想更进一步却无计可施。财政局的会计小许发现了孙某的忧虑，就经常介绍当地企业、富商与孙某“交流感情”。后来，孙某慢慢变得贪腐起来，前后挪用公款数百万元。2018 年年底，孙某挪用公款的事情败露，被市纪委监察委调查人员带走。由于事发突然，孙某没有时间联系会计小许消灭证据，便一直在纪委监察委吵闹，要求办案人员通知财政局，以给小许报信。最终，孙某因可能毁灭证据被留置，且没有通知其所在单位。孙某非常气愤，不配合调查工作。

学法有疑

孙某被留置后，监察机关办案人员必须通知其所在单位吗？

法律讲堂

一般而言，公民违法犯罪后，办案机关对其采取强制措施的，会及时通知其家属和所在单位，以便其家属和单位知晓，也便于家属和单位对其进行劝导，配合案件调查。实际上，公职人员因涉嫌职务违法和职务犯罪被采取留置措施后，监察机关也会第一时间通知其家属和所在单位。但是，如果被调查人存在可能毁灭、伪造证据，干扰证人作证或者串供等有碍调查情形的，一旦通知其家属和所在单位，可能不利于案件的调查。

因此，我国《监察法》第四十四条第一款规定：“对被调查人采取留置措施后，应当在二十四小时以内，通知被留置人员所在单位和家属，但有可能毁灭、伪造证据，干扰证人作证或者串供等有碍调查情形的除外。有碍调查的情形消失后，应当立即通知被留置人员所在单位和家属。”由此可见，监察机关对被调查人采取留置措施后，一般会在24小时内，通知其家属和所在单位，但是仍存在例外情形，监察机关及其办案人员并非必须通知。当然，待有碍调查的情形消失后，监察机关及其办案人员应当立即通知被留置人员的家属和所在单位。本案中，孙某因挪用公款被监察机关调查，由于其一直想方设法与会计联系，试图毁灭证据，因此该市纪委监察委有权对其采取留置措施，并在固定相关证据后再通知其家属和所在单位。

法律条文

《中华人民共和国监察法》

第四十四条第一款 对被调查人采取留置措施后，应当在二十四小时以内，通知被留置人员所在单位和家属，但有可能毁灭、伪造证据，干扰证人作证或者串供等有碍调查情形的除外。有碍调查的情形消失后，应当立即通知被留置人员所在单位和家属。

被调查人员被采取留置措施后，监察机关及其办案人员会及时通知其家属和所在单位，以便于家属和所在单位处理被调查人员的家庭事务和工作事务，但是，如果被调查人员不仅不配合调查，还妨碍调查，则暂不通知其家属和单位。

28. 被调查人被留置后，吃住就医有保障吗？

案例背景

苏某，男，中共党员，某市某区民政局主管扶贫工作的副局长。2017年至2019年年初，该市因扶贫脱贫工作需要，大力开展产业扶贫，鼓励各乡镇谋划产业项目建设，并向上级争取了上百万元的产业扶贫专项资金。苏某下村调研期间，发现产业扶贫工作中有利可图，便擅自挪用资金帮助其表弟开办企业，并以该资金入股。苏某本想等着企业资金回笼后，偷偷抹清挪用公款的账目，却不料被区纪委监察委发现。由于苏某有毁灭证据的嫌疑，区纪委监察委决定对其采取留置措施，但孙某坚称自己有严重的心脏病、糖尿病，需要回家静养。

学法有疑

苏某被留置后，就医方面有保障吗？

法律讲堂

对被调查人员采取留置措施是为了便于案情的调查，仅仅是在一定程度上限制了被留置人员的人身自由，并不会剥夺其休息、安全、吃住、就医等基本权利。在留置期间，监察机关会负责被留置人员的基本生活，如果被留置人员患有疾病或者身体不适，监察机关会及时提供医疗保障服务，这既保障了被留置人员的合法权益，也保证了调查工作的顺利开展。

我国《监察法》第四十四条第二款明确规定："监察机关应当保障被留置人员的饮食、休息和安全，提供医疗服务。讯问被留置人员应当合理安排讯问时间和时长，讯问笔录由被讯问人阅看后签名。"由此可见，监察机关对依法需要留置的被调查人员采取留置措施后，会保障被留置人员的饮食、休息和安全等基本生活需求，对于有病或身体不适的被留置人员，监察机关还会提供相应的医疗服务。本案中，苏某作为某区民政局主管扶贫工作的副局长，擅自挪用扶贫专项资金，其行为已经涉嫌职务犯罪。在被区纪委监察委立案调查后，苏某企图以身体不适为由逃避调查，这一借口是完全行不通的，如果其确实身体不适，区纪委监察委会为其提供医疗服务，以便其配合案件的调查工作。

法律条文

《中华人民共和国监察法》

第四十四条第二款 监察机关应当保障被留置人员的饮食、休息和安全，提供医疗服务。讯问被留置人员应当合理安排讯问时间和时长，讯问笔录由被讯问人阅看后签名。

监察机关是依法对涉嫌职务违法和职务犯罪的公职人员展开调查，并不会因此侵害、损害被调查人员的人身权利。即使被调查人员依法被采取留置措施，检察机关也会保障其饮食、休息和安全，并为其提供相应的医疗服务。被留置人员应当积极配合调查，任何试图逃避调查的办法都是行不通的。

29. 监察调查结束后，被调查人可能面临哪些处置？

案例背景

白某，男，中共党员，某县某乡副主任科员，主管该乡社会事务工作。2019 年 7 月，白某被该县纪委监察委工作人员带走配合调查。经调查发现，白某违反党员干部廉洁纪律，在分管该乡社会事务工作期间，经常向群众吃拿卡要，多次收受他人赠送的礼金。调查程序终结后，该县纪委监察委经开会研究，并报市纪委批准，决定给予白某党内严重警告处分和政务降级处分。

学法有疑

监察调查结束后，违法违纪人员会受到哪些处置？

法律讲堂

对公职人员的职务违法犯罪行为进行审查调查，是各级纪委监察委的主要职能，体现了中国共产党纪律检查和国家监察的有机统一，能够有效化解反腐体制机制不畅、资源力量分散的困境，表明了中国共产党全面从严治党的决心和能力，能够有效打击贪污贿赂、失职渎职等职务犯罪。

当纪委监察委履行完纪律检查和国家监察职能后，必然会对违法违纪人员作出相应处分。根据《监察法》第四十五条之规定，监察机关根据监督、调查结果，对违法违纪人员会作出如下处置：(一) 如果被调查人员有职务违法行为但情节较轻的，按照管理权限，直接或者委托有关机关、人员对其进行谈话提醒、批评教育、责令检查，或者予以诫勉；(二) 被调查人员的行为属于违法行为，则依照法定程序作出警告、记过、记大过、降级、撤职、开除等政务处分决定；(三) 对不履行或者不正确履行职责负有责任的领导人员，按照管理权限对其直接作出问责决定，或者向有权作出问责决定的机关提出问责建议；（四）对涉嫌职务犯罪的，监察机关经调查认为犯罪事实清楚，证据确实、充分的，制作起诉意见书，连同案卷材料、证据一并移送人民检察院依法审查、提起公诉；（五）对监察对象所在单位廉政建设和履行职责存在的问题等提出监察建议；（六）对没有证据证明被调查人存在违法犯罪行为的，依法撤销案件，并通知被调查人所在单位。也就是说，监察机关会根据监督、调查的结果，综合考虑被调查人的违法犯罪情节、社会影响等，依法作出处置。本案中，白某在分管某乡社会事务工作期间，向群众吃拿卡要、收受他人礼金，严重违反了党员干部廉洁纪律。该县纪委监察委在调查结束后，有权对其作出党内严重警告处分和政务降级处分。

法律条文

《中华人民共和国监察法》

第四十五条 监察机关根据监督、调查结果，依法作出如下处置：

（一）对有职务违法行为但情节较轻的公职人员，按照管理权限，直接或者委托有关机关、人员，进行谈话提醒、批评教育、责令检查，或者予以诫勉；

（二）对违法的公职人员依照法定程序作出警告、记过、记大过、降级、撤职、开除等政务处分决定；

（三）对不履行或者不正确履行职责负有责任的领导人员，按照管理权限对其直接作出问责决定，或者向有权作出问责决定的机关提出问责建议；

（四）对涉嫌职务犯罪的，监察机关经调查认为犯罪事实清楚，证据确实、充分的，制作起诉意见书，连同案卷材料、证据一并移送人民检察院依法审查、提起公诉；

（五）对监察对象所在单位廉政建设和履行职责存在的问题等提出监察建议。

监察机关经调查，对没有证据证明被调查人存在违法犯罪行为的，应当撤销案件，并通知被调查人所在单位。

一句话说法

纪委、监察委依法履行纪律检查和国家监察两项职责，既履行党章规定的监督执纪职责，又履行监察法确定的监督调查职责，全力打击党员干部的违法违纪行为。因此，在监督调查程序终结后，必定会对违法违纪的被调查人员依法作出处置。

30. 监察对象不服监察处理决定的，怎么办？

案例背景

2018年3月，时任某市建设银行某某路支行副行长苏某，违规接受某企业负责人的宴请，当日餐饮消费共计人民币3万元整。午餐后，苏某又在该企业负责人的带领下，到某会所休闲娱乐，后不慎遇到该市干部纪律作风大督查的突击检查。由于正是反腐倡廉的高压关口，苏某被市纪委监察委立案调查，最终被顶格处理。苏某收到处理决定后，认为自己只是偶尔一次接受宴请，市纪委监察委的处理决定过重，想申请复审。

学法有疑

苏某不服监察处理决定，有权提出复审申请吗？

法律讲堂

法理学中有一句法谚："迟来的正义非正义。"这是正义的一条公理，强调的是正义必须得到实现，而权利救济是确保正义实现的最后一道防线。在中国共产党的纪律检查和监督调查中，也非常注重被调查人员的权利救济。如果监察对象对监察机关依法作出的涉及本人的处置决定不服的，监察机关允许其在法律允许的范围内提出复审、复核请求，以保护被调查人员的合法权益。

《监察法》第四十九条规定："监察对象对监察机关作出的涉及本人的处理决定不服的，可以在收到处理决定之日起一个月内，向作出决定的监察机关申请复审，复审机关应当在一个月内作出复审决定；监察对象对复审决定仍不服的，可以在收到复审决定之日起一个月内，向上一级监察机关申请复核，复核机关应当在二个月内作出复核决定。复审、复核期间，不停止原处理决定的执行。复核机关经审查，认定处理决定有错误的，原处理机关应当及时予以纠正。”也就是说，对于监察机关作出的涉及被调查人员的处理决定，被调查人员有权向作出决定的监察机关提出复审申请，复审机关会依法审查并作出复审决定。如果监察对象对复审决定仍不服的，还可以在收到复审决定后向上级监察机关申请复核，经复核，原处理机关的处理决定确有错误的，应当及时纠正。本案中，市纪委监察委对苏某的处理决定有理有据，但是，市纪委监察委并不会因此剥夺苏某的申请复审、复核权，苏某有权向市纪委监察委提出复审申请，如果对复审结果仍不服，还可以向省纪委监察委提出复核申请。但是，在复审、复核期间，原处理决定仍有效，继续执行。

法律条文

《中华人民共和国监察法》

第四十九条 监察对象对监察机关作出的涉及本人的处理决定不服的，可以在收到处理决定之日起一个月内，向作出决定的监察机关申请复审，复审机关应当在一个月内作出复审决定；监察对象对复审决定仍不服的，可以在收到复审决定之日起一个月内，向上一级监察机关申请复核，复核机关应当在二个月内作出复核决定。复审、复核期间，不停止原处理决定的执行。复核机关经审查，认定处理决定有错误的，原处理机关应当及时予以纠正。

监察机关依法行使监察法赋予的权力，对公职人员职务违法犯罪行为进行调查并作出处置，但监察机关并不会因此剥夺监察对象的救济权利，如果监察对象不服处理决定，监察机关将依法保护其提请复审、复核的权利。

31. 领导干部向监察人员打听监察案情的，监察人员应该怎么办？

案例背景

李某原来是某市某区某乡镇纪委书记，2019 年 6 月，被任命为该区纪委第三督查室办公室主任。李某在某乡镇工作多年，与不少村镇干部关系较好，即使到区纪委工作后，仍与他们之间保持联系。前不久，该乡镇某村党支部书记高某因严重渎职失职被该区监察委立案调查。高某得知自己被调查后，立即联系李某，向李某求情，希望李某和区监察委负责监察本案的监察员打个招呼，并打听一下案件进展。

学法有疑

高某的做法对吗？李某作为区纪委第三督查室办公室主任该怎么做呢？

法律讲堂

由于多种因素的影响，多年来，我国各行各业，甚至行政机关中也存在着一些不良的社会风气，“搞关系”“走人情”的思想根深蒂固，这严重影响了党政机关在群众中的形象和威信，不利于巩固党的长期执政地位。因此，党中央在反腐倡廉工作中三令五申，严禁“关系案、人情案、金钱案”。然而，这一问题却屡禁不止，甚至有一些监察领导干部知法犯法。当然，也有一些执法执纪人员频繁遭遇讲情面、打招呼、问案情等尴尬情况。

按照我国《监察法》第五十七条之规定，对于监察人员打听案情、过问案件、说情干预的，办理监察事项的监察人员应当及时报告。如果办理监察事项的监察人员未经批准接触被调查人、涉案人员及其特定关系人，或者存在交往情形的，知情人应当及时报告。对于这两种情况，监察人员都应当将有关情况登记备案。同时，《中国共产党纪律处分条例》第一百二十八条第一款也明确规定了泄露、扩散或者打探、窃取党组织保密事项的纪律处分。案例中，高某的做法是错误的，其严重渎职失职的行为必将受到法律和党纪的处置，而且违规找人说情干预，也违反了《中国共产党纪律处分条例》和《监察法》的有关规定。李某作为该区纪委第三督查室办公室主任应当严守党纪国法，严词拒绝高某的无理请求，并及时报告区纪委监察委。

法律条文

《中华人民共和国监察法》

第五十七条 对于监察人员打听案情、过问案件、说情干预的，办理监察事项的监察人员应当及时报告。有关情况应当登记备案。

发现办理监察事项的监察人员未经批准接触被调查人、涉案人员及其特定关系人，或者存在交往情形的，知情人应当及时报告。有关情况应当登记备案。

《中国共产党纪律处分条例》

第一百二十八条第一款 泄露、扩散或者打探、窃取党组织关于干部选拔任用、纪律审查、巡视巡察等尚未公开事项或者其他应当保密的内容的，给予警告或者严重警告处分；情节较重的，给予撤销党内职务或者留党察看处分；情节严重的，给予开除党籍处分。

公职人员，尤其是监察机关的监察人员，一定要自觉抵制拜金主义、奢靡主义等社会不良风气，坚决维护党规党纪的严肃性、权威性，对于人情案、关系案、金钱案要守住道德底线和纪律红线。

32. 遇到哪些情形时，监察人员应该回避？

案例背景

2019 年 8 月，某县自然资源和规划局副局长赵某因违规大操大办宴席问题，被邻居张某举报。原来，邻居张某与赵某素来不合。一日，张某听说赵某在某饭店为孩子操办生日宴会，共设宴席 30 余桌，收受礼金 13 万余元，便立即实名举报了赵某。该县监察委接到张某的举报电话后，决定指派监察员小张负责调查。小张听到举报人的姓名后，称检举人是自己的哥哥，希望回避此案。后经查证属实，该县监察委同意了小张的回避申请。

学法有疑

遇到哪些情形时，监察人员应该回避？

法律讲堂

为确保监察人员公正地调查监察事项，防止出现以权谋私、徇私舞弊或者主观偏见、打击报复，如果办理某一监察事项的监察人员与该事项、事项当事人、相关利害关系人之间存在某种特殊关系，影响监察事项公正处理的，监察人员应当自觉主动申请回避，不参与案件的任何程序；如果监察人员没有自行回避的，监察对象、检举人及其他有关人员均有权要求其回避。

我国《监察法》第五十八条规定："办理监察事项的监察人员有下列情形之一的，应当自行回避，监察对象、检举人及其他有关人员也有权要求其回避：（一）是监察对象或者检举人的近亲属的；（二）担任过本案的证人的；（三）本人或者其近亲属与办理的监察事项有利害关系的；（四）有可能影响监察事项公正处理的其他情形的。"由此可见，遇到上述四种法定情形时，监察人员应当自行回避，监察对象、检举人及其他有关人员也有权提出回避申请，保障监察事项的程序正义。本案中，张某实名举报自然资源和规划局副局长赵某违规大操大办宴席问题，县监察委有权指派监察员小张对其监察调查，但因小张系检举人张某的弟弟，属于应当回避的人员，小张自行要求回避的做法是正确的，而县监察委经查证属实也同意了小张的回避申请，其做法也是合法合理的。

法律条文

《中华人民共和国监察法》

第五十八条 办理监察事项的监察人员有下列情形之一的，应当自行回避，监察对象、检举人及其他有关人员也有权要求其回避：

（一）是监察对象或者检举人的近亲属的；

（二）担任过本案的证人的；

（三）本人或者其近亲属与办理的监察事项有利害关系的；

（四）有可能影响监察事项公正处理的其他情形的。

一句话说法

遇有监察人员应当回避的四种法定情形，有可能影响监察事项公正处理的，监察人员一般都会自行回避。如果监察人员未主动回避，监察对象、检举人及其他利害关系人都有权提出回避申请，对监察人员进行监督，以避免监察人员徇私枉法。

第4章

洁身自好，拒绝渎职腐败——刑法知识

33. 不小心泄露了国家秘密，也会构成犯罪吗？

案例背景

徐某是国家某部门的工作人员，平时在单位主要负责重要技术的开发。由于徐某开发的技术属于国家秘密，因此有非常强的保密措施，工作中用的电脑等物品都不能带出单位，以防技术泄露。一天，徐某不小心将保存有一项技术的U盘带出了单位。在回家的路上，该U盘丢失，导致此项技术泄露，幸亏相关人员及时采取措施，没有造成其他损失。对此，徐某非常担心，觉得自己很可能要为此承担相应的法律责任。

学法有疑

徐某的行为是否构成犯罪？

法律讲堂

国家秘密是指关系国家的安全和利益，依照法定程序确定，在一定时间内只限一定范围内人员知悉的事项。根据《保守国家秘密法》第九条规定，科学技术中的秘密事项，涉及国家安全和利益的，泄露后可能损害国家在政治、经济、国防、外交等领域的安全和利益的，应当确定为国家秘密。同时，根据我国《刑法》第三百九十八条第一款的规定："国家机关工作人员违反保守国家秘密法的规定，故意或者过失泄露国家秘密，情节严重的，处三年以下有期徒刑或者拘役；情节特别严重的，处三年以上七年以下有期徒刑。”由此可知，故意或者过失泄露国家秘密，情节严重的才会构成犯罪。

在本案中，徐某作为国家某部门的工作人员，其平日里所接触的信息属于国家秘密，一旦泄露很可能给国家造成重要损失。庆幸的是徐某的过失泄露行为并未给国家造成重大损失，并不属于情节严重的情况，所以，徐某的行为并不构成犯罪。如果泄露国家秘密，不属情形严重，但造成不良后果或影响的，会根据情况，按政务处分相关法规予以警告、记过或记大过处分。

法律条文

《中华人民共和国保守国家秘密法》

第九条 下列涉及国家安全和利益的事项，泄露后可能损害国家在政治、经济、国防、外交等领域的安全和利益的，应当确定为国家秘密：

……

（五）科学技术中的秘密事项；

……

《中华人民共和国刑法》

第三百九十八条 国家机关工作人员违反保守国家秘密法的规定，故意或者过失泄露国家秘密，情节严重的，处三年以下有期徒刑或者拘役；情节特别严重的，处三年以上七年以下有期徒刑。

非国家机关工作人员犯前款罪的，依照前款的规定酌情处罚。

国家秘密涉及国家的安全与利益，一旦泄露很可能造成无法挽回的损失。因此，从事相关工作的人员一定要小心谨慎，避免国家秘密被泄露。否则，很可能会因为自己的疏忽而付出代价。

34. 将项目交与没有相关资质的亲友的公司承办，会造成什么后果？

案例背景

黎某是某市副市长，2019年6月，该市相关部门经过商议，准备修建一条高速公路。在决定之后，市政府准备进行招标。付某是黎某的表弟，也是某建设公司的经理，他知道这件事后，考虑到该项目一旦完成，将会给公司带来很大收益，但是自己公司没有相关资质，无法参与竞标，于是便打算通过黎某拿到该项目。后付某联系了黎某并如实告知了情况，希望黎某把该项目直接交给他。黎某答应了此事，直接将该项目交给了付某的公司承办。公路建成之后，因付某的公司没有资质，导致验收不合格，给国家造成了重大损失。

学法有疑

黎某的行为是否构成犯罪？

法律讲堂

黎某的行为构成滥用职权罪。滥用职权有两种表现方式：（一）超过职权，违法决定、处理其无权决定的事项。（二）违反规定、程序处理公务。即行为人虽然没有超过自己的职权范围，但是其以不正当目的或者非法的方法行使自己的职权，对有关事项作出不符合法律规定的决定。在本案中，黎某作为领导干部，违反规定将建设道路的项目擅自交给没有资质的公司，而没有按照规定程序进行招标，其行为属于滥用职权。对于滥用职权的行为，我国《刑法》第三百九十七条第一款规定，国家机关工作人员滥用职权或者玩忽职守，致使公共财产、国家和人民利益遭受重大损失的，处三年以下有期徒刑或者拘役；情节特别严重的，处三年以上七年以下有期徒刑。

因此，黎某的行为构成滥用职权罪，应承担相应的刑事责任。

法律条文

《中华人民共和国刑法》

第三百九十七条第一款 国家机关工作人员滥用职权或者玩忽职守，致使公共财产、国家和人民利益遭受重大损失的，处三年以下有期徒刑或者拘役；情节特别严重的，处三年以上七年以下有期徒刑。本法另有规定的，依照规定。

一句话说法

在实际生活中，有的领导干部利用自己的职权，违反程序，将一些项目交给没有资质的亲友承办，这不但会使公共财产遭受损失，还可能会给自己带来牢狱之灾。

35. 让朋友的公司为自己开发票，虚构政府采购交易，事后把钱据为己有的，构成什么罪?

案例背景

方某是某政府部门采购部的科员，2019 年 7 月，该政府部门准备招聘一批新人，需要置备新的办公桌椅。方某作为采购部的工作人员，负责此次办公设备的采购。在本次采购中，方某根据需要购买了 50 套桌椅。由于出售桌椅的公司经理于某是方某的朋友，于是方某找到于某，要求于某为自己开一张 4 万元的发票，虚构政府再次采购桌椅的交易。方某拿着虚开的发票报账之后，将钱据为己有。后来，方某的行为被发现。

学法有疑

方某虚构政府采购交易的行为是否构成犯罪?

法律讲堂

方某虚构政府采购交易，事后将钱据为己有的行为构成贪污罪。我国《刑法》第三百八十二条规定，国家工作人员利用职务上的便利，侵吞、窃取、骗取或者以其他手段非法占有公共财物的，是贪污罪。在本案中，方某作为政府部门的工作人员，其通过让朋友于某的公司虚开发票，虚构政府采购交易，并将钱占为己有，属于以骗取手段非法占有公共财物，依法构成贪污罪。所谓“骗取”，是指行为人利用职务上的便利，采用虚构事实或者隐瞒真相的方法非法占用公共财物，方某完全符合。

根据《刑法》第三百八十三条第一款第一项的规定，贪污数额较大或者有其他较重情节的，处三年以下有期徒刑或者拘役，并处罚金。同时，《最高人民法院、最高人民检察院关于办理贪污贿赂刑事案件适用法律若干问题的解释》第一条第一款规定，贪污或者受贿数额在三万元以上不满二十万元的，应当认定为刑法第三百八十三条第一款规定的“数额较大”，依法判处三年以下有期徒刑或者拘役，并处罚金。方某贪污的数额是 4 万元，所以根据法律规定，其将会被判处三年以下有期徒刑或拘役，并处罚金。

法律条文

《中华人民共和国刑法》

第三百八十二条第一款 国家工作人员利用职务上的便利，侵吞、窃取、骗取或者以其他手段非法占有公共财物的，是贪污罪。

第三百八十三条第一款 对犯贪污罪的，根据情节轻重，分别依照下列规定处罚：

（一）贪污数额较大或者有其他较重情节的，处三年以下有期徒刑或者拘役，并处罚金。

……

《最高人民法院、最高人民检察院关于办理贪污贿赂刑事案件适用法律若干问题的解释》

第一条第一款 贪污或者受贿数额在三万元以上不满二十万元的，应当认定为刑法第三百八十三条第一款规定的“数额较大”，依法判处三年以下有期徒刑或者拘役，并处罚金。

一句话说法

在现实生活中，有的人为了一己私利，利用自己的职务便利虚构政府交易，以便将钱财占为己有。这种行为已经构成了贪污罪，一旦被发现，将会承担相应的刑事责任。

36. 将收受的他人钱财给儿子购置房产，房产证上全部写儿子的名字，就安全了吗？

案例背景

周某是某县县长，其平时经常帮助他人办事，为此，经常有人向周某行贿。为了避免自己贪污的行为被发现，周某在和妻子商议之后，决定将收受的他人财物都用来购买房产。周某便花了上千万元为儿子购买了5套房子，所有的房产证上都是写其儿子的名字。周某认为，这样一来就不易被别人发现自己贪污，即使被发现，只要自己不承认就不会有什么后果。

学法有疑

周某将收受的财物用来购买房子，并将房子记在儿子名下，这种做法是否安全？

法律讲堂

周某的行为构成受贿罪。我国《刑法》第三百八十五条规定，国家工作人员利用职务上的便利，索取他人财物的，或者非法收受他人财物，为他人谋取利益的，是受贿罪。在本案中，周某作为县长，利用自己职务上的便利，非法收受他人的贿赂，其行为构成受贿罪。即使周某将收受的他人财物用来购买房产，并将房产记到儿子名下，也并不影响其犯罪的构成，并不是将收受的财物转移给他人就不会构成犯罪。根据刑法的规定，周某将会承担相应的刑事责任，轻则拘役，重则死刑。

法律条文

《中华人民共和国刑法》

第三百八十五条 国家工作人员利用职务上的便利，索取他人财物的，或者非法收受他人财物，为他人谋取利益的，是受贿罪。

国家工作人员在经济往来中，违反国家规定，收受各种名义的回扣、手续费，归个人所有的，以受贿论处。

第三百八十六条 对犯受贿罪的，根据受贿所得数额及情节，依照本法第三百八十三条的规定处罚。索贿的从重处罚。

一句话说法

作为国家机关的工作人员，应该在平时的工作中勤政廉洁，拒绝收受他人的任何钱物。否则，一旦无法抵制诱惑，将会使自己身陷囹圄。

37. 贪污防疫物资交由亲属倒卖的，如何处罚？

案例背景

周某是某市某区工商局局长，2020年，新冠肺炎疫情暴发，导致口罩、消毒液等防护物资价格急剧上涨，并且很多地方物资短缺。此时，周某利用自己的职务便利，将单位购买的一批口罩、消毒液等价值1万元的防护物资据为己有。周某的弟弟在某市经营着一家超市，因此，周某便将贪污的口罩、消毒液等交给自己的弟弟，让弟弟在超市以高价销售。周某觉得自己贪污的数额比较少，即使被发现也不会有什么严重后果。

学法有疑

周某的行为构成何种犯罪？将会受到什么处罚？

法律讲堂

周某的行为构成贪污罪、非法经营罪。根据我国《刑法》第三百八十二条的规定，周某利用自己职务上的便利，非法占用单位购置的防护物资的行为构成贪污。同时，根据《最高人民法院、最高人民检察院关于办理贪污贿赂刑事案件适用法律若干问题的解释》第一条第二款第一项的规定，贪污数额在一万元以上不满三万元，但贪污的是救灾、抢险、防汛、优抚、扶贫、移民、救济、防疫、社会捐助等特定款物的，应当认定为刑法第三百八十三条第一款规定的“其他较重情节”，依法判处三年以下有期徒刑或者拘役，并处罚金。在本案中，周某贪污的数额是1万元，依法构成贪污罪。

此外，根据《刑法》第二百二十五条规定，严重扰乱市场秩序的非法经营行为构成非法经营罪。本案中，周某将贪污的防护物资交给其弟弟以高价出售，严重扰乱了市场秩序，两人构成非法经营罪。

法律条文

《中华人民共和国刑法》

第二百二十五条 违反国家规定，有下列非法经营行为之一，扰乱市场秩序，情节严重的，处五年以下有期徒刑或者拘役，并处或者单处违法所得一倍以上五倍以下罚金；情节特别严重的，处五年以上有期徒刑，并处违法所得一倍以上五倍以下罚金或者没收财产：

……

（四）其他严重扰乱市场秩序的非法经营行为。

第三百八十二条第一款 国家工作人员利用职务上的便利，侵吞、窃取、骗取或者以其他手段非法占有公共财物的，是贪污罪。

第三百八十三条 对犯贪污罪的，根据情节轻重，分别依照下列规定处罚：

（一）贪污数额较大或者有其他较重情节的，处三年以下有期徒刑或者拘役，并处罚金。

……

《最高人民法院、最高人民检察院关于办理贪污贿赂刑事案件适用法律若干问题的解释》

第一条第二款 贪污数额在一万元以上不满三万元，具有下列情形之一的，应当认定为刑法第三百八十三条第一款规定的“其他较重情节”，依法判处三年以下有期徒刑或者拘役，并处罚金：

（一）贪污救灾、抢险、防汛、优抚、扶贫、移民、救济、防疫、社会捐助等特定款物的；

……

一句话说法

当发生疫情等突发公共卫生事件时，作为政府部门的工作人员，应该积极为人民服务，依法严厉打击哄抬物价、囤积居奇的行为，不能以身试法，否则，将会受到法律的严厉处罚。

38. 多次利用自家筹办红白喜事之机向他人索取财物的，要承担怎样的后果?

案例背景

张某是某村村长，2018 年 3 月，张某的女儿结婚，张某以此为由，让大家付礼金。该村村民王某为了让张某帮助自己承包农地，以“随份子”为由给了张某 5000 元礼金。之后，张某又多次利用自己的儿子结婚、父母去世等红白喜事，向多人索要礼金，共计 2 万元。张某认为自己的行为属于礼尚往来，并不是受贿。后来，张某利用筹办红白喜事收取他人财产的行为被人举报。为此，检察机关对此立案侦查。

学法有疑

张某多次利用自家筹办红白喜事之机向他人索取财物的行为是否构成犯罪？

法律讲堂

我国《刑法》第三百八十五条第一款规定：“国家工作人员利用职务上的便利，索取他人财物的，或者非法收受他人财物，为他人谋取利益的，是受贿罪。”利用职务上的便利索取他人财物的行为，称为索取贿赂。所谓索取贿赂，是指行为人主动向他人索要、勒索并收受财物。在索取他人财物的行为中，无论是否为他人谋取利益都构成受贿罪。在本案中，张某利用自己家里筹办红白喜事之机，多次向他人索取贿赂，其行为构成受贿罪。此外，根据《最高人民法院、最高人民检察院关于办理贪污贿赂刑事案件适用法律若干问题的解释》第一条第三款的规定，受贿数额在一万元以上不满三万元，多次索贿的，应当认定为刑法第三百八十三条第一款规定的“其他较重情节”，依法判处三年以下有期徒刑或者拘役，并处罚金。因此，张某将会以受贿罪被判处三年以下有期徒刑或者拘役，并处罚金。

法律条文

《中华人民共和国刑法》

第三百八十五条 国家工作人员利用职务上的便利，索取他人财物的，或者非法收受他人财物，为他人谋取利益的，是受贿罪。

国家工作人员在经济往来中，违反国家规定，收受各种名义的回扣、手续费，归个人所有的，以受贿论处。

第三百八十六条 对犯受贿罪的，根据受贿所得数额及情节，依照本法第三百八十三条的规定处罚。索贿的从重处罚。

《最高人民法院、最高人民检察院关于办理贪污贿赂刑事案件适用法律若干问题的解释》

第一条第三款 受贿数额在一万元以上不满三万元，具有前款第二项至第六项规定的情形之一，或者具有下列情形之一的，应当认定为刑法第三百八十三条第一款规定的“其他较重情节”，依法判处三年以下有期徒刑或者拘役，并处罚金：

（一）多次索贿的；

（二）为他人谋取不正当利益，致使公共财产、国家和人民利益遭受损失的；

（三）为他人谋取职务提拔、调整的。

作为一名国家干部，要时刻严格要求自己，拒绝金钱的诱惑，不得非法占有公共财物，也不得以各种事由向他人索取财物。干部一旦向他人索取财物，最后丧失的不仅是自己的前途，甚至会丧失自由，得不偿失。

39. 为自己买官升官的，如何处罚？

案例背景

赵某是某县卫生局副局长，在工作了3年之后，赵某觉得自己凭借能力升职无望。由于其所在卫生局的局长马上就要退休，为了使自己顺利地当上局长，赵某向该县县长行贿2万元，以便使自己尽快升职。赵某向该县县长行贿之后，顺利地成为卫生局局长。对此，赵某非常开心，觉得自己终于如愿以偿了。然而，在半年之后，赵某行贿升职的行为被发现。

学法有疑

赵某行贿为自己升官的行为，将会受到什么处罚？

法律讲堂

赵某为自己花钱升官的行为构成行贿罪。我国《刑法》第三百八十九条第一款规定：“为谋取不正当利益，给予国家工作人员以财物的，是行贿罪。”所谓谋取不正当利益，是指行贿人谋取违反法律法规或者政策规定的利益，或者要求对方违反法律或者政策规定、行业规范等提供帮助或者方便条件。同时，《最高人民法院、最高人民检察院关于办理贪污贿赂刑事案件适用法律若干问题的解释》第七条规定，行贿数额在一万元以上不满三万元，通过行贿谋取职务提拔、调整的，应当依照刑法第三百九十条的规定以行贿罪追究刑事责任。

在本案中，赵某为了使自己升职，向某县县长行贿，请县长违反规定将其提拔为卫生局局长，其行为构成行贿罪。根据《刑法》第三百九十条的规定，犯行贿罪的，处五年以下有期徒刑或者拘役，并处罚金。赵某犯罪情节不严重，因此，将会被判处五年以下有期徒刑或者拘役，并处罚金。

法律条文

《中华人民共和国刑法》

第三百八十九条 为谋取不正当利益，给予国家工作人员以财物的，是行贿罪。

在经济往来中，违反国家规定，给予国家工作人员以财物，数额较大的，或者违反国家规定，给予国家工作人员以各种名义的回扣、手续费的，以行贿论处。

因被勒索给予国家工作人员以财物，没有获得不正当利益的，不是行贿。

第三百九十条第一款 对犯行贿罪的，处五年以下有期徒刑或者拘役，并处罚金；因行贿谋取不正当利益，情节严重的，或者使国家利益遭受重大损失的，处五年以上十年以下有期徒刑，并处罚金；情节特别严重的，或者使国家利益遭受特别重大损失的，处十年以上有期徒刑或者无期徒刑，并处罚金或者没收财产。

《最高人民法院、最高人民检察院关于办理贪污贿赂刑事案件适用法律若干问题的解释》

第七条 为谋取不正当利益，向国家工作人员行贿，数额在三万元以上的，应当依照刑法第三百九十条的规定以行贿罪追究刑事责任。

行贿数额在一万元以上不满三万元，具有下列情形之一的，应当依照刑法第三百九十条的规定以行贿罪追究刑事责任：

……

（三）通过行贿谋取职务提拔、调整的；

……

一句话说法

作为领导干部，要有爱岗敬业、吃苦耐劳的精神，岗位没有高低之分、大小之别，无论身在哪个岗位，都应该勤政廉洁，实事求是，不能为了追求职务升迁而违反法律规定。

40. 犯罪后认真悔改，帮助侦破案件的，哪些情形可以被认定为“对侦破重大案件起关键作用”？

案例背景

吴某是某食品有限公司经理，其为了获取高额利润，经常购买不合格的原料生产食品。为了避免公司被食品安全部门查出问题，吴某向某工商局局长行贿5万元。后来，吴某公司的食品不符合标准的情况被发现，吴某被公安机关逮捕，检察机关准备以行贿罪对其提起公诉。吴某在犯罪之后认真悔改，主动交待了自己行贿的事实，帮助公安机关收集到了重要证据。

学法有疑

吴某的行为是否可以被认定为“对侦破重大案件起关键作用”？

法律讲堂

我国《刑法》第三百九十条第二款规定：“行贿人在被追诉前主动交待行贿行为的，可以从轻或者减轻处罚。其中，犯罪较轻的，对侦破重大案件起关键作用的，或者有重大立功表现的，可以减轻或者免除处罚。”同时，《最高人民法院、最高人民检察院关于办理贪污贿赂刑事案件适用法律若干问题的解释》第十四条第三款规定，具有下列情形之一的，可以认定为刑法第三百九十条第二款规定的“对侦破重大案件起关键作用”：（一）主动交待办案机关未掌握的重大案件线索的；（二）主动交待的犯罪线索不属于重大案件的线索，但该线索对于重大案件侦破有重要作用的；（三）主动交待行贿事实，对于重大案件的证据收集有重要作用的；（四）主动交待行贿事实，对于重大案件的追逃、追赃有重要作用的。

在本案中，吴某在犯罪之后，主动向公安机关交待了自己行贿的事实，并且帮助公安机关收集到了重要证据。因此，吴某的行为可以认定为“对侦破重大案件起关键作用”，可以减轻或者免除处罚。

法律条文

《中华人民共和国刑法》

第三百九十条第二款 行贿人在被追诉前主动交待行贿行为的，可以从轻或者减轻处罚。其中，犯罪较轻的，对侦破重大案件起关键作用的，或者有重大立功表现的，可以减轻或者免除处罚。

《最高人民法院、最高人民检察院关于办理贪污贿赂刑事案件适用法律若干问题的解释》

第十四条第三款 具有下列情形之一的，可以认定为刑法第三百九十条第二款规定的“对侦破重大案件起关键作用”：

（一）主动交待办案机关未掌握的重大案件线索的；

（二）主动交待的犯罪线索不属于重大案件的线索，但该线索对于重大案件侦破有重要作用的；

（三）主动交待行贿事实，对于重大案件的证据收集有重要作用的；

（四）主动交待行贿事实，对于重大案件的追逃、追赃有重要作用的。

作为领导干部，要认真遵守法律，不能触碰法律的底线。万一触犯了法律，要配合司法机关侦破案件，主动交待犯罪事实，将功补过，为自己争取减轻刑罚的机会。

41. 受贿后，因担惊受怕而将赃款赃物捐赠的，还能认定为犯罪吗？

案例背景

钱某是某县教育局局长，曾经帮助很多人的子女到重点学校就读。因此，很多人都给钱某“送礼”。钱某在任两年内共收受贿赂近20万元。钱某一直担心自己收受他人贿赂的行为被揭发，晚上经常做噩梦。后来，钱某的妻子称不想再过这种担惊受怕的日子。所以，钱某在和妻子商议之后，决定将其收受的20万元贿赂捐赠给某慈善机构。钱某认为，如果自己将钱捐赠给慈善机构，即使被发现，也不会构成犯罪。

学法有疑

钱某受贿后，将赃款捐赠给慈善机构的，是否还构成犯罪？

法律讲堂

根据我国《刑法》第三百八十五条第一款的规定，受贿罪是指国家工作人员利用职务的便利，索取他人财物，或者非法收受他人财物，为他人谋取利益的行为。在本案中，钱某帮助别人的子女进入重点学校就读，是违反规定为他人谋取利益的行为。因此，钱某的行为构成受贿罪。《最高人民法院、最高人民检察院关于办理贪污贿赂刑事案件适用法律若干问题的解释》第十六条第一款规定：“国家工作人员出于贪污、受贿的故意，非法占有公共财物、收受他人财物之后，将赃款赃物用于单位公务支出或者社会捐赠的，不影响贪污罪、受贿罪的认定，但量刑时可以酌情考虑。”因此，钱某即使将钱捐赠给了慈善机构，仍然构成受贿罪，但是在量刑时，法院会酌情考虑。

法律条文

《中华人民共和国刑法》

第三百八十五条第一款 国家工作人员利用职务上的便利，索取他人财物的，或者非法收受他人财物，为他人谋取利益的，是受贿罪。

《最高人民法院、最高人民检察院关于办理贪污贿赂刑事案件适用法律若干问题的解释》

第十六条第一款 国家工作人员出于贪污、受贿的故意，非法占有公共财物、收受他人财物之后，将赃款赃物用于单位公务支出或者社会捐赠的，不影响贪污罪、受贿罪的认定，但量刑时可以酌情考虑。

特定关系人索取、收受他人财物，国家工作人员知道后未退还或者上交的，应当认定国家工作人员具有受贿故意。

一句话说法

领导干部在日常工作中，应当全心全意为人民服务，无论在何种情况下，都不能违背法律法规和相关政策，更不能随意收受他人的贿赂。只要领导干部收受他人贿赂，就会触犯法律，应承担相应的刑事责任。

42. 妻子受贿，干部睁一只眼闭一只眼，构成受贿罪吗？

案例背景

郑某是某国有企业的总经理，一天，郑某妻子付某的好朋友于某找到她，偷偷塞给了付某3万元现金，请郑某将该企业的一份订单交给于某的公司生产。付某收下了钱，并将此事告诉郑某，请郑某帮忙。后来，付某又多次收受他人财物，请郑某帮忙办事。郑某知道妻子私下收受他人贿赂，但是他只是睁一只眼闭一只眼，从来都没有阻止妻子的行为。郑某认为，即使被发现，财物是自己的妻子收的，与自己无关，而且妻子的行为也不构成受贿罪。

学法有疑

郑某的妻子受贿，郑某睁一只眼闭一只眼，这种行为构成受贿罪吗？

法律讲堂

在现实生活中，领导干部的近亲属私下收受他人财物的行为是比较常见的。可能有的干部认为，只要收受财物的不是自己，自己就不会构成犯罪。这种想法是错误的。《最高人民法院、最高人民检察院关于办理贪污贿赂刑事案件适用法律若干问题的解释》第十六条第二款规定，特定关系人索取、收受他人财物，国家工作人员知道后未退还或者上交的，应当认定国家工作人员具有受贿故意。因此，如果国家工作人员的亲属等特定关系人员收取了他人财物，只要国家工作人员知道后没有退还的，则其本人就具有受贿的故意，构成受贿罪。

在本案中，郑某的妻子多次私下收受他人的贿赂，让郑某为他人办事，郑某知道妻子收受他人财物，却并没有退还或者上交，所以，郑某具有受贿的故意，其行为构成受贿罪。

法律条文

《中华人民共和国刑法》

第三百八十五条第一款 国家工作人员利用职务上的便利，索取他人财物的，或者非法收受他人财物，为他人谋取利益的，是受贿罪。

《最高人民法院、最高人民检察院关于办理贪污贿赂刑事案件适用法律若干问题的解释》

第十六条第二款 特定关系人索取、收受他人财物，国家工作人员知道后未退还或者上交的，应当认定国家工作人员具有受贿故意。

领导干部不仅自己要廉洁，也要监督身边的人保持廉洁，在知道自己家人收受他人财物时，要进行阻止，及时将财物退还或者上交。否则，一旦被发现，即便收受财物的不是领导干部本人，其也很可能会构成受贿罪。

43. 收受了他人财物，却没有给他人谋取利益的国家工作人员是否构成犯罪？

案例背景

范某是某市税务局的局长，2019年3月，周某找到范某，称自己的女儿报考了税务局的公务员，现在已经通过了初试，希望复试时可以让他的女儿顺利通过。为此，周某给了范某3万元现金。范某收下了现金，并承诺为周某办成此事。范某找到负责面试的考官徐某等人，请他们帮助周某的女儿通过复试。但是，徐某等人并未答应范某的请求。

学法有疑

范某收取了他人的财物，却没有为他人谋取利益的行为是否构成犯罪？

法律讲堂

我国《刑法》第三百八十五条规定："国家工作人员利用职务上的便利，索取他人财物的，或者非法收受他人财物，为他人谋取利益的，是受贿罪。"同时，根据《最高人民法院、最高人民检察院关于办理贪污贿赂刑事案件适用法律若干问题的解释》第十三条的规定，实际或者承诺为他人谋取利益的，应当认定为"为他人谋取利益"，构成犯罪的，应当依照刑法关于受贿犯罪的规定定罪处罚。由此可知，对于被动收受财物的行为，必须要有为他人谋取利益这一条件，但是为他人谋取利益不代表为他人谋取到了利益，只要答应为他人谋取利益就构成受贿罪。

在本案中，范某承诺帮助周某的女儿通过复试，但是，由于负责复试的考官徐某等人未同意，故未能实现为周某谋取利益的目的。

不过，这并不影响范某构成受贿罪。范某只要承诺了周某为其谋取利益，其收受财物的行为就构成受贿罪。

法律条文

《中华人民共和国刑法》

第三百八十五条第一款 国家工作人员利用职务上的便利，索取他人财物的，或者非法收受他人财物，为他人谋取利益的，是受贿罪。

《最高人民法院、最高人民检察院关于办理贪污贿赂刑事案件适用法律若干问题的解释》

第十三条 具有下列情形之一的，应当认定为“为他人谋取利益”，构成犯罪的，应当依照刑法关于受贿犯罪的规定定罪处罚：

（一）实际或者承诺为他人谋取利益的；

（二）明知他人有具体请托事项的；

（三）履职时未被请托，但事后基于该履职事由收受他人财物的。

国家工作人员索取、收受具有上下级关系的下属或者具有行政管理关系的被管理人员的财物价值三万元以上，可能影响职权行使的，视为承诺为他人谋取利益。

在实际生活中，不管国家工作人员为他人谋取利益的目的是否完全实现，只要其收受了他人财物，并做出了承诺，即便未谋取到利益，其收受财物的行为也构成受贿罪。

44. 国家工作人员滥用职权造成巨大损失的，将会受到何种处罚？

案例背景

彭某是某国有企业的总经理，2018 年 3 月，该国有企业与某钢铁公司签订了一份货物买卖合同。彭某在明知该国有企业没有收到货物的情况下，违反公司的规定，擅自审批使用公司公章，确认付款，让该公司支付给对方公司一笔巨额货款。但在付款之后，某钢铁公司并没有交货。由于彭某滥用职权，导致某国有企业损失近 30 万元，给国家造成了重大损失。事发之后，彭某被以滥用职权罪提起公诉，但彭某认为自己的行为并不是滥用职权。

学法有疑

彭某的行为是否构成滥用职权罪？如果是，将会受到何种处罚？

法律讲堂

我国《刑法》第三百九十七条第一款规定："国家机关工作人员滥用职权或者玩忽职守，致使公共财产、国家和人民利益遭受重大损失的，处三年以下有期徒刑或者拘役；情节特别严重的，处三年以上七年以下有期徒刑。本法另有规定的，依照规定。"滥用职权表现在两个方面，一是超越职权，即国家工作人员实施了其无权实施的行为，包括下级行使上级的职权，本部门行使其他部门的职权，上级越过下级直接代下级行使职权等。二是不正当行使职权，如未遵守法律程序，考虑不相关因素或不考虑应该考虑的因素。

在本案中，彭某作为国有企业的总经理，违反公司规定，在明知没有收到货物的情况下，仍然批准公司付款，给国家造成重大损失。因此，彭某的行为构成滥用职权罪。但是，因彭某没有情节特别严重的行为，将会被判处三年以下有期徒刑或者拘役。

法律条文

《中华人民共和国刑法》

第三百九十七条第一款 国家机关工作人员滥用职权或者玩忽职守，致使公共财产、国家和人民利益遭受重大损失的，处三年以下有期徒刑或者拘役；情节特别严重的，处三年以上七年以下有期徒刑。本法另有规定的，依照规定。

作为国家工作人员，应当对自己的工作认真负责，按照程序履行自己的职责，遵守法律和相关的规定。否则，一旦有越权行为或者不当行使职权，很可能因此而触犯法律，进而承担刑事责任。

45. 在什么情况下，国家工作人员会构成巨额财产来源不明罪？

案例背景

任某是某区民政局局长，自从任职以来，其在某市为自己购买了一套别墅，又给儿子买了豪车。后来，任某被他人举报，称其财产都是贪污而来。于是，检察机关开始对任某进行调查。在调查的过程中，检察机关发现虽然没有证据证明任某的财产是贪污或者受贿所得，但是，其支出明显超过了合法收入，并且差额巨大。在检察机关要求其说明时，任某无法说明自己巨额财产的来源。

学法有疑

任某的行为是否构成巨额财产来源不明罪？

法律讲堂

在现实生活中，有的国家工作人员受贿贪污行为非常隐蔽，侦查人员在证明其贪污受贿行为时，存在着一定的困难。因此，为了规制国家工作人员的贪污受贿行为，我国刑法规定了巨额财产来源不明罪。

任某的行为构成巨额财产来源不明罪。巨额财产来源不明罪，是指国家工作人员的财产、支出明显超过合法收入，差额巨大，而本人又不能说明其来源合法的行为。对此，根据《刑法》第三百九十五条第一款规定，国家工作人员的财产、支出明显超过合法收入，差额巨大，经司法机关责令其说明来源而本人不能说明来源是合法的，差额部分以非法所得论，处五年以下有期徒刑或者拘役；差额特别巨大的，处五年以上十年以下有期徒刑。财产的差额部分予以追缴。

在本案中，任某作为国家工作人员，其财产、支出明显超过自己的合法收入，对于其中巨大差额，任某也不能说明合法来源。因此，任某构成巨额财产来源不明罪，将会被处以五年以下有期徒刑或者拘役。

法律条文

《中华人民共和国刑法》

第三百九十五条第一款　国家工作人员的财产、支出明显超过合法收入，差额巨大的，可以责令该国家工作人员说明来源，不能说明来源的，差额部分以非法所得论，处五年以下有期徒刑或者拘役；差额特别巨大的，处五年以上十年以下有期徒刑。财产的差额部分予以追缴。

作为国家工作人员，应以身作则，在工作中公私分明，拒绝收取任何人的财物，更不能侵占公共财产。如果自己的财产或支出超过合法收入，只要其不能说明合法来源，就将承担法律责任。

46. 法院院长的女儿收受贿赂为他人谋取不正当利益，构成何种犯罪？

案例背景

杜某是某区法院院长，一天，杜某女儿杜一的朋友小林找到杜一，称丈夫要与自己离婚，已经起诉到了杜某所在的法院。请求杜一找她的父亲帮忙，在判决时让她的丈夫败诉，让他们不要离婚。同时，小林送给了杜一一条价值2万元的钻石项链。于是，杜一回到家之后便向父亲说明了情况，杜某答应帮助小林。之后，小林的丈夫败诉。然而，小林给杜一财物请求其父亲帮忙的事情被发现，检察机关准备对杜一提起公诉。

学法有疑

杜一收受他人贿赂为他人谋取不正当利益的行为构成何种犯罪？

法律讲堂

杜一收受他人贿赂，为他人谋取不正当利益的行为构成利用影响力受贿罪。我国《刑法》第三百八十八条之一规定，国家工作人员的近亲属或者其他与该国家工作人员关系密切的人，通过该国家工作人员职务上的行为，或者利用该国家工作人员职权或者地位形成的便利条件，通过其他国家工作人员职务上的行为，为请托人谋取不正当利益，索取请托人财物或者收受请托人财物的，构成利用影响力受贿罪。

在本案中，杜一利用自己父亲是区法院院长的便利，为小林谋取不正当利益，并收受小林的财物。所以，杜一的行为已经构成利用影响力受贿罪。

法律条文

《中华人民共和国刑法》

第三百八十八条之一 国家工作人员的近亲属或者其他与该国家工作人员关系密切的人，通过该国家工作人员职务上的行为，或者利用该国家工作人员职权或者地位形成的便利条件，通过其他国家工作人员职务上的行为，为请托人谋取不正当利益，索取请托人财物或者收受请托人财物，数额较大或者有其他较重情节的，处三年以下有期徒刑或者拘役，并处罚金；数额巨大或者有其他严重情节的，处三年以上七年以下有期徒刑，并处罚金；数额特别巨大或者有其他特别严重情节的，处七年以上有期徒刑，并处罚金或者没收财产。

离职的国家工作人员或者其近亲属以及其他与其关系密切的人，利用该离职的国家工作人员原职权或者地位形成的便利条件实施前款行为的，依照前款的规定定罪处罚。

国家工作人员不但要约束自己的行为，也要约束近亲属或者其他关系密切人的行为，不能让他们利用自己的职务之便收受贿赂，否则，一旦触犯法律，将会受到法律的制裁。

47. 什么是“剥夺政治权利”？

案例背景

徐某是某县生态环境局局长，一天，某化工厂厂长夏某找到徐某，称其化工厂排污不符合标准，被相关部门责令关闭。夏某请求徐某帮自己向负责处理此事的人员打个招呼，让自己的工厂不要被关闭，并给了徐某20万元现金。徐某收受了夏某的贿赂，生态环境局不再要求夏某关闭工厂，让其继续生产。后来，上级部门检查时徐某收受贿赂的事情被发现。为此，徐某被依法判处无期徒刑，并被剥夺政治权利。

学法有疑

什么是剥夺政治权利？

法律讲堂

在司法实践中，经常运用剥夺政治权利这种刑罚。剥夺政治权利，是指剥夺犯罪分子参加国家管理和政治活动的权利的一种刑罚。剥夺政治权利是一种附加型，该刑罚适用的对象比较广，既可以适用于严重的犯罪，也可以适用于较轻的犯罪。剥夺政治权利可以独立适用，也可以附加适用。根据我国《刑法》第五十四条规定，剥夺政治权利是剥夺下列权利：（一）选举权和被选举权；（二）言论、出版、集会、结社、游行、示威自由的权利；（三）担任国家机关职务的权利；（四）担任国有公司、企业、事业单位和人民团体领导职务的权利。在本案中，徐某被剥夺政治权利，剥夺的便是其以上四种权利。

法律条文

《中华人民共和国刑法》

第五十四条 剥夺政治权利是剥夺下列权利：

（一）选举权和被选举权；

（二）言论、出版、集会、结社、游行、示威自由的权利；

（三）担任国家机关职务的权利；

（四）担任国有公司、企业、事业单位和人民团体领导职务的权利。

一句话说法

剥夺政治权利是比较常见的一种刑罚，领导干部犯贪污、受贿罪的，有可能会面临被剥夺政治权利的风险。

48. 职务上负有特定责任的人适用紧急避险吗？

案例背景

张某是某市消防部门的一名消防队员，一天，张某等人接到电话，称该市某地着火。张某等人到了现场以后开始扑救。正好当天有大风，在扑救的过程中，张某认为火势已经无法控制，如果继续下去很可能会区葬身火海。因此，张某认为此时应该以自己的生命为重，马上逃离这里，而且自己这样做属于紧急避险，是不得已的行为，即使造成损害，也不会构成犯罪。后来，张某因临时逃离，被单位处分。张某认为单位的做法是错误的，自己没有做错。

学法有疑

张某作为消防队员是否适用紧急避险？

法律讲堂

我国《刑法》第二十一条规定："为了使国家、公共利益、本人或者他人的人身、财产和其他权利免受正在发生的危险，不得已采取的紧急避险行为，造成损害的，不负刑事责任。紧急避险超过必要限度造成不应有的损害的，应当负刑事责任，但是应当减轻或者免除处罚。第一款中关于避免本人危险的规定，不适用于职务上、业务上负有特定责任的人。”即职务上、业务上负有特定责任的人，不能为避免本人所面临的危险而不履行排除危险的职责或者义务。例如，军人必须服从命令参加战争，消防队员必须奋勇救火，警察必须勇于同坏人做斗争。

在本案中，张某作为消防队员，在火灾发生时，扑灭大火是他的职责所在，因此，张某在救火过程中临时逃离的行为并不属于紧急避险，单位对其进行处分是正确的。

法律条文

《中华人民共和国刑法》

第二十一条 为了使国家、公共利益、本人或者他人的人身、财产和其他权利免受正在发生的危险，不得已采取的紧急避险行为，造成损害的，不负刑事责任。

紧急避险超过必要限度造成不应有的损害的，应当负刑事责任，但是应当减轻或者免除处罚。

第一款中关于避免本人危险的规定，不适用于职务上、业务上负有特定责任的人。

作为国家工作人员，应该以身作则，依法履行自己应尽的职责和义务，不能在遇到危险时临阵脱逃。对于负有特定责任的人而言，紧急避险是不适用的。如果负有特定责任的人在紧急情况下选择紧急避险，则很可能会受到处分。

49. 领导干部挪用精准扶贫专项资金的，是否从重处罚？

案例背景

赵某是贵州省某村负责精准扶贫的领导干部，2019 年 3 月，上级部门专门拨付了一笔经费，帮助该地区进行开发与脱贫。赵某负责该笔费用的支出，但是，在项目经费到账之后，其并未将该笔费用及时用于开发项目上，而是将其中的一部分用于炒股。后来，赵某挪用精准扶贫资金的行为被发现，在法院判刑时被从重处罚。赵某认为法院从重处罚的做法是错误的。

学法有疑

领导干部挪用精准扶贫工作中的资金是否从重处罚？

法律讲堂

我国《刑法》第三百八十四条规定："国家工作人员利用职务上的便利，挪用公款归个人使用，进行非法活动的，或者挪用公款数额较大、进行营利活动的，或者挪用公款数额较大、超过三个月未还的，是挪用公款罪，处五年以下有期徒刑或者拘役；情节严重的，处五年以上有期徒刑。挪用公款数额巨大不退还的，处十年以上有期徒刑或者无期徒刑。挪用用于救灾、抢险、防汛、优抚、扶贫、移民、救济款物归个人使用的，从重处罚。"据此可知，对于挪用用于扶贫款物归个人使用的行为，要从重处罚。

在本案中，赵某作为扶贫干部，利用自己职务上的便利，将扶贫的专项经费用于自己炒股，构成挪用公款罪，在量刑时，应从重处罚。

法律条文

《中华人民共和国刑法》

第三百八十四条 国家工作人员利用职务上的便利，挪用公款归个人使用，进行非法活动的，或者挪用公款数额较大、进行营利活动的，或者挪用公款数额较大、超过三个月未还的，是挪用公款罪，处五年以下有期徒刑或者拘役；情节严重的，处五年以上有期徒刑。挪用公款数额巨大不退还的，处十年以上有期徒刑或者无期徒刑。

挪用用于救灾、抢险、防汛、优抚、扶贫、移民、救济款物归个人使用的，从重处罚。

一句话说法

领导干部作为国家工作人员，不仅不能贪污公共财产，更不能随意挪用用于救灾扶贫的款物。侵占公共财产和挪用公款都构成犯罪。对于国家拨付的专项经费，应该让其发挥应有的作用，以为人民谋福利。

50. 领导干部可以将珍贵文物出售给外国人吗?

案例背景

区某是某市副市长，一直很喜欢收藏文物。一次，区某从某处购买了一副唐代时期的山水画，该画属于国家的珍贵文物。后来，区某在一次活动中见到一位外国友人，该外国友人得知区某有一副唐代的画，便希望以高价购买此画。区某听到对方的出价比自己之前购买的价格高出了两倍，于是，便答应将画卖给这位外国友人。后来，区某无意中得知，不能随意将国家珍贵文物出售给外国人。区某非常犹豫，不知道自己如果将画售出，是否会违法。

学法有疑

领导干部可以将珍贵文物出售给外国人吗?

法律讲堂

在现实生活中，经常有人为了获得利益，将国家的珍贵文物出售或者赠送给外国人，但这些行为是被法律禁止的，即便是领导干部也不能将国家禁止出口的珍贵文物私自出售给外国人。因此，区某若将画出售给外国人，其行为就是违法的。我国《刑法》第三百二十五条第一款规定:“违反文物保护法规，将收藏的国家禁止出口的珍贵文物私自出售或者私自赠送给外国人的，处五年以下有期徒刑或者拘役，可以并处罚金。”因此，珍贵文物可以由自己收藏，但是绝不能出口或者流失到国外。

在本案中，区某购买的唐代山水画属于国家禁止出口的文物，不能私自将其出售给外国人。其一旦将山水画出售给外国人，将会承担相应的刑事责任。

法律条文

《中华人民共和国刑法》

第三百二十五条 违反文物保护法规，将收藏的国家禁止出口的珍贵文物私自出售或者私自赠送给外国人的，处五年以下有期徒刑或者拘役，可以并处罚金。

单位犯前款罪的，对单位判处罚金，并对其直接负责的主管人员和其他直接责任人员，依照前款的规定处罚。

保护国家文物是我们每个中国公民的职责，身为领导干部更要以身作则，起到模范带头作用，不能为了获取利益而利用自己的职权私自出售国家禁止出口的珍贵文物。否则，将会自食其果，受到法律的严厉制裁。

第5章 服务于民，当好一名公务员——公务员法律知识

51. 公务员工作之余可以在外兼职吗？

案例背景

苏某大学毕业后，通过国家公务员考试，成为某市工商局的职员。苏某在入职工商局后，收入不高，但工作非常轻松。苏某有个女朋友叫孙某，苏某在成为公务员后向孙某求婚，但孙某没有答应，因为苏某还没有属于自己的房子。孙某告诉苏某，结婚前必须先买一处房屋。但苏某仅凭工资收入，在结婚前很难在市里买到房子。为此，苏某偷偷找到某公务员培训机构，在线下为准备参加公务员考试的学生讲授公务员考试课程，按课时收取报酬。两年后，苏某贷款购买了某处住房，女友孙某也答应了苏某的求婚。

学法有疑

公务员可以在外兼职吗？

法律讲堂

我国《公务员法》第四十四条规定："公务员因工作需要在机关外兼职，应当经有关机关批准，并不得领取兼职报酬。"由上述条文规定可知，公务员在外兼职是需要满足一定条件的，首先，公务

员在外兼职必须是工作需要且经过有关机关批准；其次，公务员在外兼职不可以领取兼职报酬。具体到上述案例，苏某闲暇时间在某公务员培训机构兼职是不符合法律规定的，其一，苏某在外兼职并不是因为工作需要；其二，苏某在外兼职并没有经过有关机关批准；其三，苏某在外兼职收取了相应的报酬。因此，苏某是不应当在培训机构兼职的。

法律条文

《中华人民共和国公务员法》

第四十四条 公务员因工作需要在机关外兼职，应当经有关机关批准，并不得领取兼职报酬。

我国法律对公务员在外兼职有具体规定，在不满足条件的情况下是不能在外兼职的。公务员工作很稳定，但收入并不是很高，如果对工资收入要求较高的，在选择是否进入公务员行列时应考虑妥当。一旦选择进入公务员系统就要遵守公务员纪律，不能随意在外兼职。

52. 没有达到最低服务年限的公务员能辞去公职吗?

案例背景

杨某是某大学法学院的研究生，在研究生毕业那年，杨某通过了某省公务员考试，成为某县人民法院的法官。起初，杨某很高兴，自己终于如愿以偿地成为一名法官。但是入职后，杨某被院里分配到告申庭工作，负责审查材料、立案等工作，不能接触其他法律业务。杨某觉得自己已经研究生毕业，每天光负责审查材料，浪费了自己的才华和能力。于是，杨某在工作两年后，鼓起勇气向院领导提出了辞职。领导收到杨某的辞职信后，将杨某叫到办公室，告知他现在还没有达到国家规定的最低服务年限，是不能辞职的。杨某觉得这个规定太严苛，院里不应该限制自己的工作年限。

学法有疑

杨某未满国家规定的最低服务年限，可以辞去公职吗?

法律讲堂

我国《公务员法》第八十六条规定："公务员有下列情形之一的，不得辞去公职：（一）未满国家规定的最低服务年限的……"由条文规定可知，没有达到国家规定的最低服务年限的公务员是不可以辞去公职的。同时，中共中央组织部、人力资源和社会保障部印发的《新录用公务员任职定级规定》第六条规定："新录用公务员在机关最低服务年限为五年（含试用期）。"公务员虽然是国家录用的公职人员，不像普通劳动者与用人单位一样签订具有期限的劳动合同，但法律规定了公务员最低服务年限。在上述案例中，杨某通过公务员考试，成为某法院的公职人员，依法应在该法院工作五年，在此期间是不能辞去公职的。

法律条文

《中华人民共和国公务员法》

第八十六条 公务员有下列情形之一的，不得辞去公职：

（一）未满国家规定的最低服务年限的；

（二）在涉及国家秘密等特殊职位任职或者离开上述职位不满国家规定的脱密期限的；

（三）重要公务尚未处理完毕，且须由本人继续处理的；

（四）正在接受审计、纪律审查、监察调查，或者涉嫌犯罪，司法程序尚未终结的；

（五）法律、行政法规规定的其他不得辞去公职的情形。

《新录用公务员任职定级规定》

第六条 新录用公务员在机关最低服务年限为五年（含试用期）。

一句话说法

进入公务员队伍后，公务员应当在国家机关内工作满五年才能提出辞职。公务员在成为国家公职人员前应当详细了解相关情况，一旦成为公务员就要遵守相关法规。

53. 未达到退休年龄的公务员能提前退休吗?

案例背景

宋某是某县法院的法官，在法院已经工作30多年了。他在法院民三庭办公，是民三庭的副庭长，主要负责审理合同纠纷、侵权纠纷等民事案件。宋某工作时兢兢业业，对每个案件都认真负责，他的办公室里挂满了当事人送的锦旗。2020年，宋某已经50多岁了，身体素质大不如以前，经常感觉很疲惫，还时常失眠。宋某想将自己手中着急的案件处理完，就提前退休，在家里陪妻子和小孙子，享受天伦之乐。但宋某尚未达到法定的退休年龄，他担心单位不会批准。

学法有疑

未达到法定退休年龄的宋某能够提前退休吗?

法律讲堂

我国《公务员法》第九十三条规定:“公务员符合下列条件之一的，本人自愿提出申请，经任免机关批准，可以提前退休:(一)工作年限满三十年的;(二)距国家规定的退休年龄不足五年，且工作年限满二十年的;(三)符合国家规定的可以提前退休的其他情形的。”公务员退休有两种方式，一是法定退休，即男性满60周岁、女性满55周岁时，由任免机关命令其退休;二是自愿退休，即公务员符合法定条件，经本人申请后可以退休。因此，在满足一定条件的情况下，即使公务员没有达到法定退休年龄也可以提前退休。在上述案例中，宋某已经在法院工作了30多年，符合《公务员法》规定的可以申请退休的条件，所以宋某需要提出退休申请，经单位批准后就能提前退休。

法律条文

《中华人民共和国公务员法》

第九十三条 公务员符合下列条件之一的，本人自愿提出申请，经任免机关批准，可以提前退休：

（一）工作年限满三十年的；

（二）距国家规定的退休年龄不足五年，且工作年限满二十年的；

（三）符合国家规定的可以提前退休的其他情形的。

公务员未达到法定退休年龄也是可以提前退休的，只要符合《公务员法》规定的可以提前退休的条件，经本人申请，获得批准后就可以提前退休。

54. 接受培训是公务员的义务吗？

案例背景

孙某在2011年通过国家公务员考试被某市海关录取，到现在已经工作近10年了。孙某凭借其出色的工作能力和踏实肯干的工作态度，由最初的海关关务员晋升为海关关务监督。孙某每晋升一次职位都要参加一次公务员培训。2020年年初，该市海关迎来新一轮换届。不出所料，孙某在换届选举中以绝对优势的票数当选海关总监。换届名单公示以后，孙某告知他的秘书小刘为他准备参加培训的材料。小刘刚成为孙某的秘书，对这些事项并不清楚，疑惑地问孙某要准备什么材料。孙某经历过几次晋升，对晋升程序比较了解，耐心地向小刘进行了解释。两天后，小刘果然接到了通知，要求孙某到某地参加培训。

学法有疑

接受培训是每个公务员的义务吗？

法律讲堂

我们的社会每天都在不断地变化，各行各业的人员都需要不断学习，与时俱进，公务员更应当如此，正如我国《公务员培训规定》第六条的规定："公务员有接受培训的权利和义务。"同时，依据《公务员培训规定》第七条的规定，公务员进行培训并非针对某个个人，而是针对全体公务员，无论该公务员是何种职务、处于何种职位，都要接受培训。其中，担任县处级以上领导职务的公务员每5年应当参加党校（行政学院）、干部学院，以及经公务员主管部门或者公务员所在机关认可的其他培训机构累计3个月或者550学时以上的培训。提拔担任领导职务的公务员，确因特殊情况在提任前未达到培训要求的，应当在提任后1年内完成培训。其他公务员参加培训的时间一般每年累计不少于 12 天或者 90 学时。案例中，孙某晋升为海关总监，属于担任县处级以上领导职务的公务员，应按规定每 5 年参加累计 3 个月或者 550 学时以上的培训。

法律条文

《公务员培训规定》

第六条 公务员有接受培训的权利和义务。

第七条 公务员培训的对象是全体公务员。公务员主管部门和公务员所在机关根据公务员工作岗位和职业发展需要安排公务员参加相应的培训。

担任县处级以上领导职务的公务员每 5 年应当参加党校（行政学院）、干部学院，以及经公务员主管部门或者公务员所在机关认可的其他培训机构累计 3 个月或者 550 学时以上的培训。提拔担任领导职务的公务员，确因特殊情况在提任前未达到培训要求的，应当在提任后 1 年内完成培训。

其他公务员参加培训的时间一般每年累计不少于 12 天或者 90 学时。

有计划地加强对优秀年轻公务员的培训。

公务员是国家公职人员，应当给各行各业的人员起带头作用，尤其是在培训学习方面。社会在飞速发展，不断地对生活在其中的人们提出新的要求，我们只有不断学习才能跟紧时代的步伐。所以，公务员应当定期接受培训，以便更好地为人民服务。

55. 公务员如果无正当理由不参加年度考核，会有什么后果？

案例背景

刘某的母亲是某县工商局的职工，她从小告诉刘某，公务员是一份体面的工作，收入稳定，社会地位也比较高。受母亲的影响，刘某大学毕业后，致力于考公务员，做一名公职人员。如刘某所愿，大学毕业后，他顺利考进某市市场和质量监督管理局。工作初期，刘某对工作有一种新鲜感，每天都热情饱满。不久后，渐渐熟悉了相关业务，刘某开始对工作感到疲倦，认为该工作不能锻炼自己的能力，于是开始消极怠工，以致被群众投诉了好多次。到了年度考核的时候，刘某知道自己被多次投诉，年度考核肯定会被批评。为此，刘某决定不参加年度考核。局里的领导得知情况后，对刘某进行教育，但刘某对领导的教育置若罔闻，依然拒绝参加年度考核。

学法有疑

刘某不参加年度考核会有什么后果？

法律讲堂

对公务员进行年度考核是为了对公务员的德才表现、工作实绩进行正确评价，根据考核结果，督促公务员勤政廉政，不断提高工作效能和自身素质。对此，我国《公务员考核规定（试行）》第二十七条规定："对无正当理由不参加年度考核的公务员，经教育后仍然拒绝参加的，直接确定其考核结果为不称职等次。"公务员接受年度考核是一项义务，任何人不得无故不参与考核，对没有正当理由不参加考核的公务员，依规定直接确定其考核结果为不称职等次。具体到上述案例，刘某考上公务员后，努力工作了一段时间，但不久后就开始对工作懈怠，甚至不参加公务员的年度考核，经领导批评教育后，仍然不改正，依据上述条文的规定，局里可以直接确定其考核结果为不称职等次。

法律条文

《公务员考核规定（试行）》

第二十七条 对无正当理由不参加年度考核的公务员，经教育后仍然拒绝参加的，直接确定其考核结果为不称职等次。

年度考核是对公务员进行考评的一项重要制度，每一位公务员都应当积极参与，以便评价自己某一年度的工作业绩与表现。对无理由拒不参加的公务员，依规定确定其考核结果为不称职等次。

56. 公务员被处分后会影响其年度考核吗?

案例背景

朱某是A市C县居民，朱某的父亲去世后，其名下留有一处房产。在办理完父亲的丧事后，朱某想到该市不动产登记管理局询问如何办理房屋过户手续。朱某拿着身份证等证件来到了A市不动产登记管理局，该局工作人员小丁负责接待她。朱某向小丁说明自己的来意，小丁听后，在系统上查找相关信息，结果发现，朱某所要办理过户的房屋登记在赵某名下。朱某听后，想起父亲曾经说过想要将房子卖掉，但最后没有卖成。朱某将情况告诉了小丁，小丁解释说自己办理业务需要根据系统上的信息操作，因为房主不是朱某的父亲，所以不能帮她办理过户手续。朱某听后，认为这个房子就是她父亲的，现在父亲去世，将房子留给她，小丁必须给她办理过户。小丁是个急脾气的人，见朱某不听劝说，就急了，与朱某发生争吵，并动了手。在现场办手续的人中有人将这一事件用手机拍摄下来，发到了网上。局里认为小丁工作态度不好，给局里造成了不好的影响，因此对小丁处以警告处分。

学法有疑

小丁所受的警告处分会影响其年度考核吗?

法律讲堂

公务员所受的处分会影响其年度考核。我国《公务员考核规定(试行)》第二十五条规定："受处分公务员的年度考核，按下列规定办理：(一)受警告处分的当年，参加年度考核，不得确定为优秀等次；(二)受记过、记大过、降级、撤职处分的期间，参加年度考核，只写评语，不定等次。在解除处分的当年及以后，其年度考核不受原处分影响。"公务员有违规、违法、乱纪行为时，会根据具体情节处以警告、记过、降级、撤职等行政处分。我国设立公务员处分制度是为了督促公务员认真负责地履行职责，避免出现不作为、乱作为等不正当或不合法的行为。上述案例中，小丁作为市不动产管理局的工作人员，应当坚持为人民服务的原则，告知朱某不能办理房屋过户手续的原因，指导朱某妥善解决问题。而不能在朱某寻求解决问题的方法的过程中不耐烦，与朱某发生争吵，甚至大打出手。小丁因其不当行为被处以警告处分，按照上述规定，在年度考核中，小丁不能被确定为优秀等次。

法律条文

《公务员考核规定（试行）》

第二十五条 受处分公务员的年度考核，按下列规定办理：

（一）受警告处分的当年，参加年度考核，不得确定为优秀等次；

（二）受记过、记大过、降级、撤职处分的期间，参加年度考核，只写评语，不定等次。在解除处分的当年及以后，其年度考核不受原处分影响。

公务员是国家公职人员，其行为不仅代表个人，也代表国家，因此公务员在工作时应当认真负责，对办理业务的群众服务应周到。公务员在工作中如果有违规、违法、违纪的行为，则会受到行政处分，该处分会影响公务员的年度考核，进而影响其工资数额和职位晋升等。

57. 我国法律规定的公务员奖励评选机制是什么？

案例背景

高某2013年大学毕业后，考入某县民政局。高某刚入职时，只是社会事务科的科员，负责处理一些简单的材料整理方面的工作。高某在工作上很少出错，几乎每次都能出色完成领导交代的任务。2019年，该县县委办公室调整领导班子，高某因其较强的业务能力被提拔为社会事务科的科长。高某晋升后，表现得更加积极，并下决心带动科室的其他人员努力工作，做出出色的业绩来。为此，高某组织科室工作人员开会，提出改进工作的方案，并经全体人员表决后重新制定了工作制度。此后，该科室形成了一种良好的工作氛围，不仅职员的工作能力得到提升，工作效率也得到了提高。在2019年的公务员年度考核中，县政府决定对高某记三等功。

学法有疑

我国法律对公务员奖励评选机制是如何规定的呢？

法律讲堂

我国《公务员奖励规定（试行）》第十条规定了对公务员进行奖励的机制，可以分为一般奖励机制和特殊奖励机制。一般奖励机制是依据以下标准对公务员进行奖励考评：其一，对在本职工作中表现突出、有显著成绩和贡献的，应当给予奖励；其二，给予嘉奖和记三等功，一般结合年度考核进行，年度考核被确定为优秀等次的，予以嘉奖，连续三年被确定为优秀等次的，记三等功；其三，给予记二等功、记一等功和授予“人民满意的公务员”“人民满意的公务员集体”荣誉称号，一般每五年评选一次。特殊奖励机制是指对在处理突发事件和承担专项重要工作中做出显著成绩和贡献的，应当及时给予奖励。其中，符合授予荣誉称号条件的，授予“模范公务员”“模范公务员集体”等荣誉称号。对符合奖励条件的已故人员，可以追授奖励。具体到上述案例，高某自任职以来，工作认真，踏实勤奋，在晋升为科室的科长后，以身作则，带动其他职员改进工作，提高了工作效率，改善了工作氛围。据此，县政府在年度考核后给高某记三等功。

法律条文

《公务员奖励规定（试行）》

第十条 对在本职工作中表现突出、有显著成绩和贡献的，应当给予奖励。给予嘉奖和记三等功，一般结合年度考核进行，年度考核被确定为等次的，予以嘉奖，连续三年被确定为优秀等次的，记三等功；给予记二等功、记一等功和授予“人民满意的公务员”、“人民满意的公务员集体”荣誉称号，一般每五年评选一次。

对在处理突发事件和承担专项重要工作中做出显著成绩和贡献的，应当及时给予奖励。其中，符合授予荣誉称号条件的，授予“模范公务员”、“模范公务员集体”等荣誉称号。

对符合奖励条件的已故人员，可以追授奖励。

公务员的奖励评选与公务员工作业绩相关，在进行奖励考核时，单位会根据该公务员的工作表现、所作贡献予以确定，并按不同等次进行区分，也会授予荣誉称号。因此，公务员要想获得奖励，应在工作中好好努力，积极表现，做出显著业绩和贡献。

58. 可以因同一事由重复奖励公务员吗?

案例背景

顾某是某市路南区民政局的科员。某天，顾某正在岗位上工作，来了一个约8周岁的男孩，男孩进来后坐到了顾某工位前的椅子上。顾某通过和小男孩聊天，得知他是来和养父母办理收养手续的。他的养父母因路上堵车还没有到，陪他来的福利院工作人员在外边停车，便让男孩先进来了。一会儿来了一位约40岁的女性，进来就拉着男孩的手臂，跟男孩说："走，跟妈妈回家。"男孩表示不认识这位女士，拒绝跟她走。顾某感觉事情不对劲，也上前拉住男孩，不让那位女士带走男孩。结果两人撕扯了起来，顾某紧紧抱住男孩。在争抢过程中，顾某被抓伤。不久后，当地警察过来，控制住了那位不知名的女士，经调查得知其因拐卖人口而被列入在逃人员名单。市民政局认为顾某敢于与不法分子做斗争，避免了拐卖儿童案件的发生，勇气可嘉，决定对顾某进行奖励。

学法有疑

市民政局对顾某进行奖励后，区民政局可以对顾某重复奖励吗?

法律讲堂

我国《公务员奖励规定（试行）》第十三条规定："给予公务员、公务员集体奖励，对于因同一事由已获得上级机关奖励的，下级机关不再重复奖励。"由条文规定可知，我国各机关在奖励公务员或公务员集体时坚持不重复奖励原则，即对公务员或公务员集体作出的某一贡献仅奖励一次。激发公务员的工作热情，调动其工作积极性，鼓励其更好地为人民服务，是我国对公务员和公务员集体进行奖励的出发点。但对公务员的奖励应适当，不应因同一事由对公务员或公务员集体进行重复奖励。一方面，重复奖励某公务员或公务员集体，会损害其他公务员或公务员集体的利益，损害公务员奖励制度所追求的公平与公正；另一方面，重复奖励某公务员或公务员集体，也会夸大被奖励人员所作出的贡献，不利于他们保持谦虚谨慎、积极向上，继续在岗位上奉献的态度。具体到上述案例，民政局的顾某在工作时，认真负责，发现男孩可能被人贩子拐走后，奋不顾身拉住男孩，避免了悲剧的发生。顾某的行为应当被奖励，但在市民政局对顾某进行奖励后，依据不重复奖励原则，区民政局不应再对顾某进行奖励。

法律条文

《公务员奖励规定（试行）》

第十三条 给予公务员、公务员集体奖励，对于因同一事由已获得上级机关奖励的，下级机关不再重复奖励。

对公务员或公务员集体进行奖励是为了调动公务员或公务员集体的工作热情和积极性，但对公务员或公务员集体的奖励应当适当，不宜重复进行奖励，否则，会损害奖励制度的公平与公正。

59. 公务员同时存在两种以上违法违纪行为的，该如何处罚？

案例背景

温某是某县交通管理局的交警，负责在交通卡口查验车辆。温某的同学王某是该县某钢铁有限公司的职工，负责公司的交通运输工作。王某在驾驶半挂车运输钢铁时经常超载，被交通管理局的交警发现后就会受到罚款的处罚。后来，王某得知同学温某在交通管理局工作，便邀温某到某饭店吃饭。饭后，王某塞给温某6000元，让温某对自己“照顾照顾”，见到自己驾驶的车辆时能直接放行。温某收下了王某给他的6000元。当王某开车经过卡口时，交警果然不再对他设卡。某天，王某因超载又超速，在路过卡口时，与某私家车相撞。温某明知王某在事故中负全部责任，却故意将此次事故认定为同等责任，导致私家车车主只获得了很少的赔偿。

学法有疑

案例中温某存在哪些违法违纪行为？该如何进行处罚？

法律讲堂

上述案例中，温某存在两种违法违纪的行为：其一，温某接受了王某送给他的6000元，该行为属于受贿行为，收取贿赂后，温某为王某驾车通行提供了便利；其二，温某滥用职权，在认定道路交通事故责任时，本应认定为王某负事故全部责任，却错误地认定为同等责任，该滥用职权的行为侵犯了公民、法人和其他组织的合法权益。依据我国《公务员法》第五十九条的规定，应当分别对温某进行处分。同时，根据我国《公职人员政务处分法》第十五条的规定，公职人员有两个以上违法行为的，应当分别确定政务处分。应当给予两种以上政务处分的，执行其中最重的政务处分。因此，上面案例中，温某作为行政机关的工作人员，存在两种违法违纪的行为，应从警告、记过、记大过、降级、撤职和开除六种处罚中视具体情况对其进行处分。此外，对于应当给予撤职以下多个相同政务处分的，可以在一个政务处分期以上、多个政务处分期之和以下确定政务处分期，但是最长不得超过四十八个月。

法律条文

《中华人民共和国公务员法》

第五十九条 公务员应当遵纪守法，不得有下列行为：

……

（八）贪污贿赂，利用职务之便为自己或者他人谋取私利；

……

（十）滥用职权，侵害公民、法人或者其他组织的合法权益；

……

《中华人民共和国公职人员政务处分法》

第十五条 公职人员有两个以上违法行为的，应当分别确定政务处分。应当给予两种以上政务处分的，执行其中最重的政务处分；应当给予撤职以下多个相同政务处分的，可以在一个政务处分期以上、多个政务处分期之和以下确定政务处分期，但是最长不得超过四十八个月。

公务员存在两种或两种以上违法违纪行为的，应当分别处分。我国法律做出这一规定是告诫违法违纪的公务员应当及时悬崖勒马，避免一错再错，否则就要依法分别承担相应的处分。

60. 因管理疏忽导致扶贫款项被贪污，公务人员会受到怎样的处罚？

案例背景

某省H县是国家级贫困县，经济发展相对落后，特别是在农村，村里好多年轻人都去了外地打工，剩下的人为了温饱在贫困线上挣扎。为帮助该县脱贫，中央政府每年都会拨付扶贫款项给H县。2019年，中央的扶贫款项到了，某省政府下发扶贫文件，并将款项发放到各区县。H县县长蔡某接到文件后，因忙于其他业务，便将文件交给下属周某，让周某负责扶贫款项的发放。周某没有办理过相关事项，便按照以前的发放流程将扶贫款发放。因为没有相关的监督程序，扶贫款下发后，大部分被村干部贪污了，村里的老百姓并没有领到扶贫款。为此，村民联名进行举报，某省政府针对此事专门成立了调查组进行调查。蔡某认为自己没有贪污扶贫款，所以应该不会受到处分。

学法有疑

蔡某因工作疏忽导致扶贫款被贪污，他会因此受到处分吗？

法律讲堂

在上述案例中，蔡某作为H县县长，在省政府下发扶贫文件及款项后，应当认真履行职责，将扶贫款项发放到老百姓手中，并积极做好监督工作。但蔡某却将发放任务分配给下属，任务完成后也没有进行监督，导致扶贫款项被村干部贪污，蔡某在此事中存在失职。我国《行政机关公务员处分条例》第二十条规定：“有下列行为之一的，给予记过、记大过处分；情节较重的，给予降级或者撤职处分；情节严重的，给予开除处分：……（三）对救灾、抢险、防汛、防疫、优抚、扶贫、移民、救济、社会保险、征地补偿等专项款物疏于管理，致使款物被贪污、挪用，或者毁损、灭失的……”案例中的蔡某工作失职，对扶贫款项疏于管理，致使扶贫款项被贪污，应被给予记过或记大过处分，如果情节严重，还会被给予降级或者撤职处分。

法律条文

《行政机关公务员处分条例》

第二十条 有下列行为之一的，给予记过、记大过处分；情节较重的，给予降级或者撤职处分；情节严重的，给予开除处分：

……

（三）对救灾、抢险、防汛、防疫、优抚、扶贫、移民、救济、社会保险、征地补偿等专项款物疏于管理，致使款物被贪污、挪用，或者毁损、灭失的；

……

行政机关公务员在履行职责时应当认真负责，尤其是涉及分配扶贫、救灾、抢险等专项款物时，一定要亲力亲为，如果是分配给下属完成，一定要做好监督工作。一旦发现行政机关公务员在分配专项款物时有失职行为导致款项被贪污的，应当依法追究其责任。

61. 对违纪后主动交代的公务人员可以酌情减轻处分吗?

案例背景

张某是某市司法局社区矫正科的科长。2020年年初，我国部分地区暴发了新型冠状病毒肺炎。在张某管辖的范围内，社区矫正服刑人员刘某担心自己被感染，便联系了自己的家人，其家人通过关系联系到了张某，希望张某可以“行个方便”，让刘某回老家。刘某告诉张某，只要张某能帮助其回老家，他会让家人给予张某一些好处。张某考虑了一天后，答应了刘某的要求。在收到好处后，张某便帮助刘某从某市离开，回到了老家。刘某回到老家后，被确认感染了新冠肺炎，张某自觉此事可能瞒不住了，便主动找到了上级领导，向领导如实陈述自己的违法违纪行为。

学法有疑

张某在作出违法违纪的行为后，主动向上级报告，可以对其酌情减轻处分吗?

法律讲堂

我国《公职人员政务处分法》第十一条规定：“公职人员有下列情形之一的，可以从轻或者减轻给予政务处分：(一) 主动交代本人应当受到政务处分的违法行为的……”由此可知，对违法违纪的公务员，如果其能主动交代自己违法违纪的事实，是能够从轻或减轻处分的。公务员掌握着部分国家权力，而这些权力能够给公务员带来利益，有些公务员没有抵挡住金钱的诱惑，迷失了自己，走上了违法违纪的道路。但有的公务员能够及时纠正自己的错误，就如案例中的张某，其违反规定收受贿赂，并私自将社会服刑的人员放回老家。但张某能够很快主动交代自己的违法违纪行为，避免事态继续恶化，这一行为符合上述条文规定的能够从轻或减轻处分的情形。

由此可以看出，我国法律对主动承认自己错误的公务人员给予宽大处分，这也是在警醒违法违纪的公务人员犯错后不要一错再错，要及时止损，主动交代自己违法违纪的行为，争取宽大处理。

法律条文

《中华人民共和国公职人员政务处分法》

第十一条 公职人员有下列情形之一的，可以从轻或者减轻给予政务处分：

（一）主动交代本人应当受到政务处分的违法行为的；

……

我国法律对主动交代自己违法违纪行为的公务员采取宽大处理的政策，即能够主动交代自己违法违纪行为的公务员，在对其进行处分时可以从轻或减轻处理。因此，公务员在出现违法违纪行为后，要主动交代，有所隐瞒或继续违法违纪的，将会面临法律的严厉制裁。

62. 违法违纪的公务员有检举他人违法违纪行为的，能对其从轻处分吗？

案例背景

石某是某市审计局的公务人员，在审计局财政金融审计科任科长。2019 年，石某在审计工作中发现某市财政局的副科长孙某贪污。孙某被发现后央求石某不要揭发自己，并保证以后绝不做违法乱纪的事。由于是多年的同事，石某对孙某动了恻隐之心，表示只要孙某不再做违法乱纪的事，就不会揭发他的行为。不久后，石某因收受贿赂被人举报，相关组织对其展开调查。石某在被讯问时，对自己违法违纪的行为供认不讳。此外，石某为争取从轻处分，主动交代了孙某贪污的行为。上级组织立即对孙某展开调查，发现孙某确实存在贪污行为。

学法有疑

石某被发现违法违纪后检举了他人的违法违纪行为，能因此对石某从轻处分吗？

法律讲堂

根据我国《公职人员政务处分法》第十一条规定："公职人员有下列情形之一的，可以从轻或者减轻给予政务处分：……（三）检举他人违纪违法行为，经查证属实的……"由此可知，公务员因违法违纪被调查时，如果有检举他人违法违纪行为的，应当从轻或者减轻处分。这一条文与我国《刑法》的规定有相似之处。在《刑法》中，犯罪分子检举他人犯罪行为的，属于立功，对有立功表现的犯罪人员可以从轻或者减轻处罚。公务员违法违纪后检举他人，也属于《刑法》规定的立功表现，所以对检举他人重大违法违纪行为的公务员也应当从轻处分。具体到上述案例，石某作为审计局财政金融科科长，违法违纪，收受他人贿赂，因受到举报而被调查。在接受调查的过程中，主动交代其知晓的孙某违法违纪的事实，并且经过查证属实，石某的行为属于上述条文规定的立功行为，依法应当对石某从轻或者减轻处分。

法律条文

《中华人民共和国公职人员政务处分法》

第十一条 公职人员有下列情形之一的，可以从轻或者减轻给予政务处分：

……

（三）检举他人违纪违法行为，经查证属实的；

……

一句话说法

公务员应当遵纪守法，以身作则，一旦违法违纪被发现，应依法受到处分。但如果违法违纪的公务员有检举他人重大违法违纪行为且情况属实的，属于立功，依法应从轻或者减轻处分。

63. 公务员在满足哪些条件时才可以晋升领导职务？

案例背景

白某和杨某同是某大学经济学专业的本科生，在大学毕业那年，两人同时考入某市某区的财政局，经过半年的试用期后，两人都被正式录用，但分到了不同部门。工作不久后，白某利用闲暇时间考上某大学的在职研究生，两年后顺利拿到了毕业证，取得了硕士学历。而杨某所在部门工作任务比较多，工作之余没有时间做其他事情。2019年11月，该区财政局的办公室主任到了法定退休年龄，其职位需要安排另一位人员担任，白某和杨某成为最合适的人选。该局局长找白某和杨某谈过后，让两人提交相关材料，先进行审查。局里考查后，决定让白某担任办公室主任。杨某不太服气，找审查人员询问缘由，审查人员说，两人工作能力都很强，都非常优秀，但白某读了在职研究生，在学历上比杨某更具优势，所以局里决定让白某担任办公室主任的职务。

学法有疑

公务员在满足哪些条件时可以晋升职务呢？

法律讲堂

我国《公务员法》第四十五条规定：“公务员晋升领导职务，应当具备拟任职务所要求的政治素质、工作能力、文化程度和任职经历等方面的条件和资格。公务员领导职务应当逐级晋升。特别优秀的或者工作特殊需要的，可以按照规定破格或者越级晋升。”由此可知，公务员晋升要从政治素质、工作能力、文化程度及任职经历等几个方面进行考查，其中思想政治素质是指公务员要品行端正、遵纪守法、廉洁奉公，能够全心全意为人民服务，敢与不良和不法行为做斗争；工作能力是指公务员具有较强的业务素质，主要依据公务员的工作实绩和工作成果确定；文化程度是一个较为客观的标准，即公务员的学历水平；任职经历是指公务员晋升审核时已经具有的工作经历，从工作经历中可以看出公务员是否具有足够的工作经验来胜任所晋升职位。上述案例中，白某和杨某都是办公室主任的候选人，最终白某得到晋升。白某在文化程度上比杨某更占优势，在其他方面两人并没有多大差距。因此，文化程度较高的白某获得了晋升的机会。

法律条文

《中华人民共和国公务员法》

第四十五条 公务员晋升领导职务，应当具备拟任职务所要求的政治素质、工作能力、文化程度和任职经历等方面的条件和资格。

公务员领导职务应当逐级晋升。特别优秀的或者工作特殊需要的，可以按照规定破格或者越级晋升。

公务员晋升要从多方面进行考察，包括思想政治素质、工作能力、文化程度及任职经历等。公务员在某一方面突出并不必然得到晋升，只有在多方面表现突出才能够获得晋升的机会。

64. 公务员不得进行调任的情况有哪些？

案例背景

冯某是某市某区住房和城乡建设委的党委书记。2020 年 3 月，该市市委组织部通过官方网站发布通知，拟选拔在职的党委书记到市某机关任职。冯某认为自己符合市委组织部发布的选拔要求，便提交了申请，顺利通过了初审。当冯某准备进行下一阶段的选拔程序时，突然接到区纪检委的电话，要求他到纪检委办公室谈话。原来，冯某被某居民举报有受贿行为，曾收取他人钱财后，利用自己的职权为他人谋取了不正当利益，冯某当即表示否认。纪检委根据已经掌握的证据，对冯某展开了调查。在调查过程中，该市市委组织部取消了冯某本次的调任资格。

学法有疑

冯某应该被取消调任资格吗？

法律讲堂

我国《公务员调任规定》第八条规定：“有下列情形之一的人员，不得调任：（一）因犯罪受过刑事处罚的；（二）被开除中国共产党党籍的；（三）被开除公职的；（四）被依法列为失信联合惩戒对象的；（五）涉嫌违纪违法正在接受有关专门机关审查尚未作出结论的；（六）受处分期间或者未满影响期限的；（七）正在接受审计机关审计的；（八）法律、法规规定的其他情形。”有上述情况说明公务员在行为、作风等方面存在问题，不宜成为被选拔的对象。案例中，冯某是某市市委组织部拟调任的初审合格人员，但有居民举报其存在受贿行为，并向纪检部门提交了相关证据，纪检部门根据举报对冯某进行调查，说明冯某当前因涉嫌违纪违法正在接受有关专门机关的审查，依法应取消冯某的调任资格。

法律条文

《公务员调任规定》

第八条 有下列情形之一的人员，不得调任：

（一）因犯罪受过刑事处罚的；

（二）被开除中国共产党党籍的；

（三）被开除公职的；

（四）被依法列为失信联合惩戒对象的；

（五）涉嫌违纪违法正在接受有关专门机关审查尚未作出结论的；

（六）受处分期间或者未满影响期限的；

（七）正在接受审计机关审计的；

（八）法律、法规规定的其他情形。

国家机关选拔干部是要为国家、社会和人民群众挑选出优秀的人才，为百姓谋福利，为国家作贡献，这些被选拔的人员不能存在行为、作风上的问题。因此，在公务员调任时，必须对被选拔的人员进行审核，满足条件时才能进行调任。

第 6 章 助力发展，搞好经济与生态建设——经济与环保法律知识

65. 政府对本地商品进行价格保护的做法是否正确？

案例背景

某市盛产啤酒，某品牌的啤酒在当地非常出名，每年春节都会销售出很多。2020 年 1 月，因新冠肺炎疫情暴发，很多企业受到影响，该品牌的啤酒也因此滞销，给企业造成很大损失。为了提高当地啤酒的销量，当地的部分商家向某市政府申请对本地的啤酒进行价格保护，对外地的啤酒规定歧视性价格，等到疫情结束之后，再解除对外地商品的价格限制。

学法有疑

政府对本地商品进行价格保护的行为是否合法？

法律讲堂

价格保护是政府给予当地产品的一种特殊保护手段。一般情况下，为了维护农民的利益，我们国家会对农产品进行价格保护。而对于其他非农产品，地方政府进行价格保护的行为则是违法的。

根据我国《反垄断法》第三十三条的规定，行政机关和法律、法规授权的具有管理公共事务职能的组织不得滥用行政权力对外地商品设定歧视性收费项目、实行歧视性收费标准，或者规定歧

视性价格，妨碍商品在地区之间的自由流通。因此，在本案中，某市政府如果为了保护本地的企业，维护当地企业的利益，而对外地的啤酒进行价格限制，规定歧视性价格，就会因违法而受到行政处罚。

法律条文

《中华人民共和国反垄断法》

第三十三条 行政机关和法律、法规授权的具有管理公共事务职能的组织不得滥用行政权力，实施下列行为，妨碍商品在地区之间的自由流通：

（一）对外地商品设定歧视性收费项目、实行歧视性收费标准，或者规定歧视性价格；

（二）对外地商品规定与本地同类商品不同的技术要求、检验标准，或者对外地商品采取重复检验、重复认证等歧视性技术措施，限制外地商品进入本地市场；

（三）采取专门针对外地商品的行政许可，限制外地商品进入本地市场；

（四）设置关卡或者采取其他手段，阻碍外地商品进入或者本地商品运出；

（五）妨碍商品在地区之间自由流通的其他行为。

第五十一条 行政机关和法律、法规授权的具有管理公共事务职能的组织滥用行政权力，实施排除、限制竞争行为的，由上级机关责令改正；对直接负责的主管人员和其他直接责任人员依法给予处分。反垄断执法机构可以向有关上级机关提出依法处理的建议。

法律、行政法规对行政机关和法律、法规授权的具有管理公共事务职能的组织滥用行政权力实施排除、限制竞争行为的处理另有规定的，依照其规定。

一句话说法

当前我们国家实行的是社会主义市场经济，自由竞争是市场经济的一个基本特征。地方政府不能为了保护本地企业，而采取手段对本地商品进行价格保护。这种行为不但不利于本地企业的发展，也会使相关政府部门受到相应的处罚。

66. 本地政府可以限制外地企业参加招投标活动吗？

案例背景

2019年3月，由于某市机关单位所使用的办公设备都已经老化，因此，该市准备为全市政府部门的工作人员更换办公设备。在作出决定之后，该市准备先采购一批台式电脑。该市政府在政府官网上发出采购招标公告之后，很多企业纷纷投递材料准备参加采购招标。但是，企业在查看招标公告时，发现该市政府对本地企业的采购招标要求比较低，而对外地企业的要求却非常高。很多企业认为，这种行为属于歧视外地企业，是不合法的。

学法有疑

本地政府可以在招投标活动中限制外地企业参加吗？

法律讲堂

政府在采购招投标中限制外地企业参加招投标的行为违反了公平公正原则，使外地企业受到不公平待遇。我国《反垄断法》第三十四条规定，行政机关和法律、法规授权的具有管理公共事务职能的组织不得滥用行政权力，以设定歧视性资质要求、评审标准或者不依法发布信息等方式，排斥或者限制外地经营者参加本地的招标投标活动。同时，我国《政府采购法》第七十一条规定，在政府采购中，采购人、采购代理机构不得以不合理的条件对供应商实行差别待遇或者歧视待遇。在本案中，某市政府在采购招标活动中，对本地企业与外地企业采用两个标准，这是对外地企业的歧视，是违法的，将会承担相应的行政责任。

法律条文

《中华人民共和国反垄断法》

第三十四条 行政机关和法律、法规授权的具有管理公共事务职能的组织不得滥用行政权力，以设定歧视性资质要求、评审标准或者不依法发布信息等方式，排斥或者限制外地经营者参加本地的招标投标活动。

《中华人民共和国政府采购法》

第六十五条 政府采购监督管理部门应当对政府采购项目的采购活动进行检查，政府采购当事人应当如实反映情况，提供有关材料。

第七十一条 采购人、采购代理机构有下列情形之一的，责令限期改正，给予警告，可以并处罚款，对直接负责的主管人员和其他直接责任人员，由其行政主管部门或者有关机关给予处分，并予通报：

（一）应当采用公开招标方式而擅自采用其他方式采购的；

（二）擅自提高采购标准的；

（三）以不合理的条件对供应商实行差别待遇或者歧视待遇的；

（四）在招标采购过程中与投标人进行协商谈判的；

（五）中标、成交通知书发出后不与中标、成交供应商签订采购合同的；

（六）拒绝有关部门依法实施监督检查的。

一句话说法

公开招标是政府采购最主要的形式。公开招标不仅可以使政府作出最优的选择，也可以使资源得到最优的利用。因此，在政府的采购招标投标中，不能仅考虑当地企业的发展，而应该以社会公共利益为重，这样才能真正实现政府采购公开招标的目的，也有利于促进本地企业提高竞争力。

67. 在政府采购活动中，何种情形下，采购人员应当回避？

案例背景

2019年4月，某市政府准备为机关工作人员采购一批书柜。因此，在经过商议之后，该市政府便发布了采购公告。之后，该市政府举办了招标活动。经过招标评比，某家具公司中标，成为此次书柜的供应商。然而，在招标活动结束之后，有关部门接到了匿名举报，称政府在此次招标活动中违反了法定程序，因为采购人员吴某与供应商某家具公司的负责人沈某是堂兄弟。

学法有疑

吴某是否需要回避？在政府采购活动中，哪些情形下采购人员应当回避？

法律讲堂

吴某作为采购员需要回避。我国《政府采购法实施条例》第九条第一款规定："在政府采购活动中，采购人员及相关人员与供应商有下列利害关系之一的，应当回避：(一) 参加采购活动前3年内与供应商存在劳动关系；(二) 参加采购活动前3年内担任供应商的董事、监事；(三) 参加采购活动前3年内是供应商的控股股东或者实际控制人；(四) 与供应商的法定代表人或者负责人有夫妻、直系血亲、三代以内旁系血亲或者近姻亲关系；(五) 与供应商有其他可能影响政府采购活动公平、公正进行的关系。"

在本案中，吴某与供应商某家具公司的负责人是堂兄弟，故吴某应该回避。但吴某违反法律规定，没有申请回避。根据《政府采购法实施条例》第七十条的规定，吴某将会被财政部门给予警告，并处2000元以上2万元以下的罚款。

法律条文

《中华人民共和国政府采购法实施条例》

第九条 在政府采购活动中，采购人员及相关人员与供应商有下列利害关系之一的，应当回避：

(一) 参加采购活动前3年内与供应商存在劳动关系；

(二) 参加采购活动前3年内担任供应商的董事、监事；

(三) 参加采购活动前3年内是供应商的控股股东或者实际控制人；

(四) 与供应商的法定代表人或者负责人有夫妻、直系血亲、三代以内旁系血亲或者近姻亲关系；

(五) 与供应商有其他可能影响政府采购活动公平、公正进行的关系。

供应商认为采购人员及相关人员与其他供应商有利害关系的，可以向采购人或者采购代理机构书面提出回避申请，并说明理由。

采购人或者采购代理机构应当及时询问被申请回避人员，有利害关系的被申请回避人员应当回避。

第七十条 采购人员与供应商有利害关系而不依法回避的，由财政部门给予警告，并处2000元以上2万元以下的罚款。

法律规定，在政府采购过程中，与供应商存在利害关系的采购人员需要回避，一方面是为了确保政府采购活动公平、公正地进行；另一方面是出于公共利益的考虑，避免出现质量不合格产品造成损失。因此，在招投标和采购活动中，作为政府部门的相关工作人员，如果与供应商存在利害关系，应该主动申请回避，避免因此而受到行政处罚。

68. 我国环境保护的原则是什么？

案例背景

某村有很多化工厂，导致空气质量非常差。每年一入冬，这一地区就经常出现雾霾天气，并且很多村民都患有肺病，甚至连化工厂附近的庄稼都不能成活。后来，该村村民向某市政府反映情况，该市领导到村里进行了视察，认为该村环境污染比较严重。因此，市领导要求相关部门制定政策，在坚持我国环境保护原则的前提下，对该村的环境污染进行治理，尽快改善村民的生活环境。

学法有疑

我国环境保护的原则是什么？

法律讲堂

我国《环境保护法》第五条规定："环境保护坚持保护优先、预防为主、综合治理、公众参与、损害担责的原则。"（一）保护优先原则。保护优先，是指要将环境保护放在优先位置，在环境保护与其他利益相冲突时，要优先保护环境。（二）预防为主原则。预防为主，是指要采取预防措施，防患于未然。（三）综合治理原则。综合治理，是指在党和政府的领导下，在环境保护中，强化环保部门的职权，依靠其他部门的配合，通过各种措施和手段从各个方面共同努力，综合防治环境污染。（四）公众参与原则。公众参与，是指在治理环境或者保护环境的过程中，要充分调动群众的积极性，让公众参与到环境保护这个大工程中，这既是人民的愿望，也符合公众的利益。我国《环境保护法》明确规定，一切单位和个人都有保护环境的义务。（五）损害担责原则。损害担责原则，是指在确定环境污染和环境破坏的后果后，谁破坏了环境，谁就对此承担责任。此原则包括污染者付费、开发者保护、破坏者恢复、利用者补充等。

法律条文

《中华人民共和国环境保护法》

第五条 环境保护坚持保护优先、预防为主、综合治理、公众参与、损害担责的原则。

第六条第一款 一切单位和个人都有保护环境的义务。

一句话说法

我国环境保护原则是我国环保方针、环保政策在法律上的体现，是对环保方面的关系进行调整的基本指导准则。作为领导干部，在制定相应的环保措施时，应该以环境保护的基本原则为指导。

69. 对保护和改善环境有显著成绩的单位，政府是否需要给予奖励？

案例背景

某市自从20世纪以来，一直在努力发展工业。该市工业比较发达，但环境非常差。2017年12月，该市开始倡导市民保护环境。某钢铁制造厂是该市一家最大的企业，为了响应政府的号召，该企业投入巨额资金购买设备，以减少对环境的污染。在该企业的带动之下，很多企业也纷纷更换生产设备。因钢铁制造厂对当地的环境改善作出了重大贡献，所以，某市政府准备对该企业进行奖励。

学法有疑

对保护和改善环境有显著成绩的单位，政府是否需要给予奖励？

法律讲堂

我国《环境保护法》第十一条明确规定："对保护和改善环境有显著成绩的单位和个人，由人民政府给予奖励。"由此可见，国家鼓励努力改善环境的单位和个人。在现实生活中，有的地方政府为了保护环境，支持鼓励企业进行转型，要求居民在取暖、出行等方面使用新能源。

在本案中，某钢铁制造厂为了改善环境，主动购买新设备，以减少对环境的污染。正是该企业的行为，导致该市其他企业也开始更新生产设备。因此，对于该企业的行为，政府应该给予奖励，对其他企业而言也是一种鼓励。

法律条文

《中华人民共和国环境保护法》

第十一条 对保护和改善环境有显著成绩的单位和个人，由人民政府给予奖励。

一句话说法

环境保护关系到我们每一个人的利益，在实际生活中，任何单位和个人都应该保护环境，减少资源浪费。作为领导干部，除了自己要爱护环境，更要积极采取措施鼓励企业、个人保护和改善环境。

70. 在环保工作上，县级以上人民政府应当接受哪个单位的监督？

案例背景

2019年3月，某五金制造有限公司将在生产中产生的废酸液、污泥等危险废物，在没有经过有效处理的情况下，随意倒入某市附近的一条河里，导致该市的水源被污染，农民种植的庄稼大面积死亡。在该起重大环境污染事件发生后，该市政府并未及时采取补救措施，也没有对该五金制造有限公司进行惩罚。对此，当地的市民认为市政府的环境保护工作不力，应该接受监督。

学法有疑

在环保工作上，县级以上人民政府应当接受哪个单位的监督？

法律讲堂

县级以上人民政府在环保工作上受本级人大及其常委会的监督。我国《环境保护法》第二十七条规定：“县级以上人民政府应当每年向本级人民代表大会或者人民代表大会常务委员会报告环境状况和环境保护目标完成情况，对发生的重大环境事件应当及时向本级人民代表大会常务委员会报告，依法接受监督。”因此，在本案中，某市的环境保护工作应当接受市级人民代表大会的监督。对于该市发生的重大环境污染事件，市政府应及时向市人大常委会报告。

人民代表大会是国家权力机关，代表着人民的利益，是由人民选举产生的。因此，让政府的环保工作接受人民代表大会及其常委会的监督，其实就是接受人民的监督。另外，公民也可以对各个机关的环保工作进行监督，当发现有关部门存在违法行为时，可以及时向有关部门进行举报。

法律条文

《中华人民共和国环境保护法》

第二十七条 县级以上人民政府应当每年向本级人民代表大会或者人民代表大会常务委员会报告环境状况和环境保护目标完成情况，对发生的重大环境事件应当及时向本级人民代表大会常务委员会报告，依法接受监督。

环境保护事关每个人的利益，作为相关部门的领导干部应当认真履行职责，分管到位，将每项政策落到实处，并及时向监督部门报告工作，接受监督。

71. 在发生环境突发事件时，有关部门应该怎么办？

案例背景

2018年6月，一辆装有液态氰化钠的槽罐车从A省开往B省。该车辆在经过B省某市时，为了躲避前面的行人，撞到了路边的栏杆上，导致车辆侧翻，槽罐里的液态氰化钠都流入了附近的河里。这条河是该市居民的饮用水水源，液态氰化钠含有剧毒，使得居民的饮用水受到大面积的污染。在该事件发生之后，某市市政府高度重视，要求相关部门紧急处理此事，以将损害降到最低。

学法有疑

在环境突发事件发生时，有关部门应如何处理？

法律讲堂

根据我国《环境保护法》第四十七条的规定，在环境突发事件发生后，政府及有关部门和企业事业单位应做好突发环境事件的风险控制、应急准备、应急处置和事后恢复等工作。因此，某市政府应建立环境污染公共监测预警机制，组织制订预警方案。因此次事件导致居民的饮用水被污染，相关部门应依法及时公布预警信息，启动应急措施，避免居民的生命财产受到损害。在突发环境事件应急处置工作结束后，当地政府还应当立即组织专业人员对事件造成的环境影响和损失进行评估，并及时将评估结果向社会公布，消除群众的恐慌心理。

法律条文

《中华人民共和国环境保护法》

第四十七条 各级人民政府及其有关部门和企业事业单位，应当依照《中华人民共和国突发事件应对法》的规定，做好突发环境事件的风险控制、应急准备、应急处置和事后恢复等工作。

县级以上人民政府应当建立环境污染公共监测预警机制，组织制定预警方案；环境受到污染，可能影响公众健康和环境安全时，依法及时公布预警信息，启动应急措施。

企业事业单位应当按照国家有关规定制定突发环境事件应急预案，报环境保护主管部门和有关部门备案。在发生或者可能发生突发环境事件时，企业事业单位应当立即采取措施处理，及时通报可能受到危害的单位和居民，并向环境保护主管部门和有关部门报告。

突发环境事件应急处置工作结束后，有关人民政府应当立即组织评估事件造成的环境影响和损失，并及时将评估结果向社会公布。

当发生环境突发事件时，有关部门应该马上成立调查小组，迅速采取应对措施，尽量减少环境污染所造成的损害。否则，将可能造成不可估量的后果。

72. 上级环保部门发现下级部门工作人员有违法行为的，应该怎么办？

案例背景

为了进一步改善环境，2019 年 5 月，某市环境局对该市的部分工厂进行例行检查。在检查的过程中，相关人员发现该市某生产踢脚线的工厂经常向附近的河流里排放污染物。某区环境局已经对该工厂进行过检查，当时该工厂就已经在排放污染物，但是，区环境局并没有对该化工厂进行任何处罚。后来，市环境局相关人员经过仔细调查才得知，原来该化工厂是该区环境局副局长曾某的亲戚开的。

学法有疑

上级环保部门发现下级部门工作人员有违法行为的，应该怎么办？

法律讲堂

我国《环境保护法》第六十七条规定："上级人民政府及其环境保护主管部门应当加强对下级人民政府及其有关部门环境保护工作的监督。发现有关工作人员有违法行为，依法应当给予处分的，应当向其任免机关或者监察机关提出处分建议。依法应当给予行政处罚，而有关环境保护主管部门不给予行政处罚的，上级人民政府环境保护主管部门可以直接作出行政处罚的决定。"由此可知，上级环境主管部门发现下级部门工作人员有违法行为的，应依法给予处罚。

在本案中，曾某作为某区环境局副局长，不仅没有依法履行环境保护职责，反而徇私枉法，该行为除了违反环保法律法规的规定，还有可能构成我国《刑法》所规定的滥用职权罪。对于曾某的行为，某市环境局发现后，应向任免机关或检察机关提出处分建议。同时，对某工厂依法给予行政处罚。

法律条文

《中华人民共和国环境保护法》

第六十七条 上级人民政府及其环境保护主管部门应当加强对下级人民政府及其有关部门环境保护工作的监督。发现有关工作人员有违法行为，依法应当给予处分的，应当向其任免机关或者监察机关提出处分建议。

依法应当给予行政处罚，而有关环境保护主管部门不给予行政处罚的，上级人民政府环境保护主管部门可以直接作出行政处罚的决定。

作为环保部门的工作人员，应该认真履行职责，对于违法排污的企业要依法要求其进行整改或者对其进行处罚，不能因为企业是“关系户”就睁一只眼，闭一只眼。否则，将会受到上级部门的处罚。

73. 环保部门工作人员收到举报信后未及时采取措施的，将会承担什么责任？

案例背景

2019年11月，某市环保部门工作人员杜某收到该市某村一名村民的举报信，该村民称他们村子里有一家冶炼厂，经常排放污染物，而且在傍晚时会有一股难闻的气味，导致附近的村民即使在夏天也不能开窗户。杜某在看完该村民的举报信之后，觉得该冶炼厂并没有造成什么严重的后果，因此，并未采取任何措施。两个月之后，杜某又多次收到该村其他村民的举报。可是，杜某仍然无动于衷。后来，因冶炼厂一直排放废气废水，导致工厂附近村民种植的庄稼大面积死亡。此时，杜某才开始采取措施。

学法有疑

环保部门工作人员收到举报信后未采取措施的，将会承担什么责任？

法律讲堂

根据我国《环境保护法》第六十八条的规定，地方各级人民政府、县级以上人民政府环境保护主管部门和其他负有环境保护监督管理职责的部门，如果对超标排放污染物、采用逃避监管的方式排放污染物、造成环境事故以及不落实生态保护措施造成生态破坏等行为，发现或者接到举报未及时查处的，对直接负责的主管人员和其他直接责任人员给予记过、记大过或者降级处分，造成严重后果的，给予撤职或者开除处分，其主要负责人应当引咎辞职。

在本案中，杜某作为环保部门的工作人员，在接到群众的举报之后，应该对村民举报的冶炼厂进行检查后采取相应的措施。但是，杜某一直以冶炼厂没有造成严重的损害为由拖延，没有及时采取措施。直到造成严重的后果之后，杜某才开始采取措施。杜某的行为属于工作上的失职表现，同时，已经严重影响了政府形象，杜某必须对自己的行为负责，接受相应的处分。

法律条文

《中华人民共和国环境保护法》

第六十八条 地方各级人民政府、县级以上人民政府环境保护主管部门和其他负有环境保护监督管理职责的部门有下列行为之一的，对直接负责的主管人员和其他直接责任人员给予记过、记大过或者降级处分；造成严重后果的，给予撤职或者开除处分，其主要负责人应当引咎辞职：

（一）不符合行政许可条件准予行政许可的；

（二）对环境违法行为进行包庇的；

（三）依法应当作出责令停业、关闭的决定而未作出的；

（四）对超标排放污染物、采用逃避监管的方式排放污染物、造成环境事故以及不落实生态保护措施造成生态破坏等行为，发现或者接到举报未及时查处的；

（五）违反本法规定，查封、扣押企业事业单位和其他生产经营者的设施、设备的；

（六）篡改、伪造或者指使篡改、伪造监测数据的；

（七）应当依法公开环境信息而未公开的；

（八）将征收的排污费截留、挤占或者挪作他用的；

（九）法律法规规定的其他违法行为。

一句话说法

作为环保部门的领导干部，应当时刻关注其所管辖范围内的环境污染情况，在接到群众举报时，要立即进行调查核实，及时采取措施。如果领导干部对群众的举报置之不理，不仅可能会使环境问题更严重，还可能会使自己受到处罚。

第7章

以民为本，充分保障民生
——社会保障与科教文卫类法律知识

74. 政府可以将社会救助服务事项委托给其他机构吗？

案例背景

2018年3月，某服装厂因资不抵债而宣布破产，当地的很多工人因此失业。这些工人失业之后便到当地的社会救助部门进行了登记。当地的社会救助部门准备帮助这些失业人员再就业，于是决定开办一个就业培训班。为了让这些失业人员得到更专业的培训，该社会救助部门准备将开办培训班的相关事宜委托给一个培训机构。

学法有疑

政府可以将社会救助服务事项委托给其他机构吗？

法律讲堂

我国《社会救助暂行办法》第五十四条规定："县级以上地方人民政府可以将社会救助中的具体服务事项通过委托、承包、采购等方式，向社会力量购买服务。"第五十五条规定："县级以上地方人民政府应当发挥社会工作服务机构和社会工作者作用，为社会救助对象提供社会融入、能力提升、心理疏导等专业服务。"由此可知，政府在为社会提供救助服务时，可以将社会救助服务的具体服务事项委托给其他机构，向社会力量购买服务。从而，在社会救助中充分发挥社会工作服务机构和社会工作者的作用，做到政府和社会力量相辅相成，有机结合，以更好地向人民群众提供优质的社会救助服务。

在本案中，某地的社会救助部门在失业人员较多的情况下，为了更好地帮助失业人员，可以将培训失业人员，帮助他们再就业这一社会救助服务事项委托给培训机构，以便这些失业人员可以早日解决就业问题，再次回到工作岗位上。

法律条文

《社会救助暂行办法》

第五十四条　县级以上地方人民政府可以将社会救助中的具体服务事项通过委托、承包、采购等方式，向社会力量购买服务。

第五十五条　县级以上地方人民政府应当发挥社会工作服务机构和社会工作者作用，为社会救助对象提供社会融入、能力提升、心理疏导等专业服务。

一句话说法

社会救助可以帮助人们缓解困境，作为领导干部，在为人民提供社会救助时，如果政府能力不足，可以将社会救助的具体服务事项委托给其他机构，更好地发挥社会工作者的作用。

75. 学校的基本建设属于城乡建设规划的范畴吗?

案例背景

2020 年 4 月，某县要被划为某市的一个市辖区。由于该县只有一所高中，为了发展该县的教育，以便与其他市辖区的教育相匹配，该市准备在该县再建一所高中。在相关会议上进行讨论时，该市政府有的工作人员提出，为了提高学校的办学质量，可以将学校的基本建设纳入这次的城乡规划建设，以统筹安排学校所需的物资。但是，有的领导认为，学校的基本建设并不能纳入城乡规划建设的范畴。

学法有疑

学校的基本建设属于城乡建设规划的范畴吗?

法律讲堂

随着国家经济发展水平的提高，人们也越来越重视对子女的教育，学校的基本建设是提高教育水平的一个重要影响因素，因此，政府对于当地的学校建设应当提前有所规划。对此，我国《教育法》第六十四条规定："地方各级人民政府及其有关行政部门必须把学校的基本建设纳入城乡建设规划，统筹安排学校的基本建设用地及所需物资，按照国家有关规定实行优先、优惠政策。"由此可知，为了提高教育水平，为学生提供一个良好的教育环境，地方各级人民政府应当将学校的建设纳入城乡规划建设，并实行相关的优先、优惠政策。在本案中，某市政府领导称学校建设不属于城乡规划建设的说法是错误的，而提出将学校建设纳入城乡规划的工作人员的说法是正确的。

法律条文

《中华人民共和国教育法》

第六十四条 地方各级人民政府及其有关行政部门必须把学校

的基本建设纳入城乡建设规划，统筹安排学校的基本建设用地及所需物资，按照国家有关规定实行优先、优惠政策。

一句话说法

我国一直非常重视对人才的培养和对学校的基本建设。当今时代的竞争就是人才的竞争，对人才的培养离不开一个国家的教育，各级人民政府是当地人民的守护者，作为领导干部，应当为当地的教育做好规划，以营造一个良好的教育环境。

76. 就业专项资金可以用于哪些方面?

案例背景

金某是某市政府救助部门的工作人员，平时主管就业保障的相关工作。2019 年年底，某市很多企业纷纷宣布破产，也由此造成很多工人失业。为此，金某向上级申请了一笔专项资金，用于失业人员的工作介绍以及岗位培训，以帮助失业人员再就业。在上级部门批准了这笔专项资金之后，金某便组织其他工作人员开会讨论该笔专项费用应如何使用。此时，该部门的工作人员费某提出，因其他项目也出现了资金短缺的情况，因此，希望可以将该笔专项资金的一部分用于其他项目。

学法有疑

就业专项资金可以用于哪些方面?

法律讲堂

就业专项资金是有固定的用途的，根据我国《就业促进法》第十五条第三款规定，就业专项资金用于职业介绍、职业培训、公益性岗位、职业技能鉴定、特定就业政策和社会保险等的补贴，小额贷款担保基金和微利项目的小额担保贷款贴息，以及扶持公共就业服务等。由此可知，就业专项资金必须用于上述几个方面，不能随便将该项资金用于其他项目。国家实行有利于促进就业的财政政策，加大资金投入，改善就业环境，扩大就业。县级以上人民政府应当根据就业状况和就业工作目标，在财政预算中安排就业专项资金用于促进就业工作。就业专项资金的使用管理办法由国务院财政部门和劳动行政部门规定。

在本案中，金某向上级部门申请的是就业专项资金，应该将该笔费用用于促进就业工作的方面，而不能用于其他项目中。因此，费某的说法是错误的。

法律条文

《中华人民共和国就业促进法》

第十五条 国家实行有利于促进就业的财政政策，加大资金投入，改善就业环境，扩大就业。

县级以上人民政府应当根据就业状况和就业工作目标，在财政预算中安排就业专项资金用于促进就业工作。

就业专项资金用于职业介绍、职业培训、公益性岗位、职业技能鉴定、特定就业政策和社会保险等的补贴，小额贷款担保基金和微利项目的小额担保贷款贴息，以及扶持公共就业服务等。就业专项资金的使用管理办法由国务院财政部门和劳动行政部门规定。

一句话说法

一般而言，国家的财政支出要专款专用，领导干部必须将就业专项资金用于相关的方面，以保障就业环境，扩大就业，进而维持社会的稳定。

77. 政府需要建立何种就业援助制度?

案例背景

2019 年 10 月，某县某村的土地因修建城区而被征收，很多农民因此失去土地。在搬出原来的村子之后，很多农民因没有耕种之外的技能，很难再就业。为此，当地的村干部找到县政府，希望可以帮助农民再就业。某县政府在经过商议之后，准备建立就业援助制度，使农民早日投入新的工作。对此，该县的领导于某提出，应该拨付资金，帮助就业困难的人员。

学法有疑

政府应该建立何种就业援助制度?

法律讲堂

就业困难人员是指因身体状况、技能水平、家庭因素、失去土地等原因难以实现就业，以及连续失业一定时间仍未能实现就业的人员。就业困难人员的具体范围，由省、自治区、直辖市人民政府根据本行政区域的实际情况规定。我国《就业促进法》第五十二条第一款规定:“各级人民政府建立健全就业援助制度，采取税费减免、贷款贴息、社会保险补贴、岗位补贴等办法，通过公益性岗位安置等途径，对就业困难人员实行优先扶持和重点帮助。”由此可见，对于就业困难的人员，政府应该建立比较健全的就业援助制度。

在本案中，某村村民因建设城区而失去土地，属于就业困难的人员。所以，当地县政府应该建立健全就业援助制度，通过多种方式对这些农民进行重点帮助和扶持。该县县政府领导于某的建议是正确的。

法律条文

《中华人民共和国就业促进法》

第五十二条 各级人民政府建立健全就业援助制度，采取税费减免、贷款贴息、社会保险补贴、岗位补贴等办法，通过公益性岗位安置等途径，对就业困难人员实行优先扶持和重点帮助。

就业困难人员是指因身体状况、技能水平、家庭因素、失去土地等原因难以实现就业，以及连续失业一定时间仍未能实现就业的人员。就业困难人员的具体范围，由省、自治区、直辖市人民政府根据本行政区域的实际情况规定。

就业是人民比较关心的问题，直接关系到国民经济的发展乃至社会的稳定，就业援助制度可以帮助就业困难人员实现再就业，增加劳动收入。因此，促进各种困难人员就业是政府的重要责任，各级政府应建立和完善就业援助制度。

78. 在自然灾害预警启动后，政府需要采取哪些措施？

案例背景

杜某是某市自然灾害救助部门的领导，某市经常遭受沙尘暴的袭击，给当地居民造成了重大的经济损失。2019 年 3 月，相关部门在经过科学预测之后，认为该市可能会面临沙尘暴的侵袭。为了尽量降低沙尘暴对当地居民的影响，减少经济损失，该市政府领导杜某提出应提前启动自然灾害预警。

学法有疑

自然灾害预警启动后，政府需要采取哪些措施？

法律讲堂

我国《自然灾害救助条例》第十三条规定："县级以上人民政府或者人民政府的自然灾害救助应急综合协调机构应当根据自然灾害预警预报启动预警响应，采取以下一项或者多项措施：（一）向社会发布规避自然灾害风险的警告，宣传避险常识和技能，提示公众做好自救互救准备；（二）开放应急避难场所，疏散、转移易受自然灾害危害的人员和财产，情况紧急时，实行有组织的避险转移；（三）加强对易受自然灾害危害的乡村、社区以及公共场所的安全保障；（四）责成应急管理等部门做好基本生活救助的准备。"

在本案中，某市政府在启动自然灾害预警预报后，应当采取以上四项措施，以保障后续工作的顺利进行，防范和减轻自然灾害带来的影响。

法律条文

《自然灾害救助条例》

第十三条 县级以上人民政府或者人民政府的自然灾害救助应

急综合协调机构应当根据自然灾害预警预报启动预警响应，采取下列一项或者多项措施：

（一）向社会发布规避自然灾害风险的警告，宣传避险常识和技能，提示公众做好自救互救准备；

（二）开放应急避难场所，疏散、转移易受自然灾害危害的人员和财产，情况紧急时，实行有组织的避险转移；

（三）加强对易受自然灾害危害的乡村、社区以及公共场所的安全保障；

（四）责成应急管理等部门做好基本生活救助的准备。

一句话说法

在自然灾害预警启动后，作为政府部门的领导，为减少不必要的损失，增强人们对抗自然灾害的信心，应及时采取措施，警示人们做好灾害防范和应急准备，以便在灾害发生时能够迅速作出反应，维护社会稳定。

79. 领导干部谎报疫情的，将承担什么后果?

案例背景

2020年，新冠肺炎在中国境内暴发。在疫情发生之后，各级政府部门迅速采取了相关措施，以尽快阻止疾病的传播。后来，由于及时采取了有效措施，疫情得到了控制。某市某医院发现了两名新冠肺炎患者。然而，该市的某部门领导范某认为，现此种传染病已经得到有效控制，一旦将数据上报，很有可能会影响自己的政绩。于是，范某便要求各部门严守“秘密”，不得有任何泄露。

学法有疑

领导干部谎报疫情的，将承担什么后果?

法律讲堂

我国《突发公共卫生事件应急条例》第二十一条规定：“任何单位和个人对突发事件，不得隐瞒、缓报、谎报或者授意他人隐瞒、缓报、谎报。”《传染病防治法》第三十七条规定：“依照本法的规定负有传染病疫情报告职责的人民政府有关部门、疾病预防控制机构、医疗机构、采供血机构及其工作人员，不得隐瞒、谎报、缓报传染病疫情。”据此可知，在疫情暴发时，作为政府有关部门的人员，应当将疫情的相关情况如实上报，任何隐瞒、谎报、缓报的行为都是违反法律规定的。对此，《突发公共卫生事件应急条例》第四十五条规定：“县级以上地方人民政府及其卫生行政主管部门未依照本条例的规定履行报告职责，对突发事件隐瞒、缓报、谎报或者授意他人隐瞒、缓报、谎报的，对政府主要领导人及其卫生行政主管部门主要负责人，依法给予降级或者撤职的行政处分；造成传染病传播、流行或者对社会公众健康造成其他严重危害后果的，依法给予开除的行政处分；构成犯罪的，依法追究刑事责任。”

在本案中，范某作为领导，在疫情暴发时，应该及时将相关的数据上报，而不能为了自己的政绩有所隐瞒，这可能会导致更大的危害。因此，范某谎报疫情的行为可能会被依法给予行政处分，如果构成犯罪的，还会被追究刑事责任。

法律条文

《中华人民共和国传染病防治法》

第三十七条 依照本法的规定负有传染病疫情报告职责的人民政府有关部门、疾病预防控制机构、医疗机构、采供血机构及其工作人员，不得隐瞒、谎报、缓报传染病疫情。

《突发公共卫生事件应急条例》

第二十一条 任何单位和个人对突发事件，不得隐瞒、缓报、谎报或者授意他人隐瞒、缓报、谎报。

第四十五条 县级以上地方人民政府及其卫生行政主管部门未依照本条例的规定履行报告职责，对突发事件隐瞒、缓报、谎报或者授意他人隐瞒、缓报、谎报的，对政府主要领导人及其卫生行政主管部门主要负责人，依法给予降级或者撤职的行政处分；造成传染病传播、流行或者对社会公众健康造成其他严重危害后果的，依法给予开除的行政处分；构成犯罪的，依法追究刑事责任。

一句话说法

作为从事传染病防治工作的领导干部，在传染病发生时，必须积极应对，坚持信息公开原则，依法履行相关职责。否则，一旦谎报疫情，不但会给社会造成难以弥补的损失，也可能会对自己的前途造成影响。

第8章

依法办事，正视行政诉讼——行政诉讼法律知识

80. 行政诉讼中行政机关负责人是否必须出庭?

案例背景

某市房管局因公民徐某办理产权登记时必要的材料缺失，告知徐某本次无法办理，需要补充材料。但徐某认为房管局要求补充的材料并非必需的材料，房管局应当为其办理。几次交涉后仍无法解决，徐某将房管局诉至法院。法院受理案件后，向房管局发出传票，通知单位负责人按期出庭，但房管局负责人盛某因公务繁忙，近期要去往外地出差，无法出庭。

学法有疑

房管局负责人盛某能否不出庭?

法律讲堂

我国《行政诉讼法》将行政机关负责人出庭明确为一项基本原则，其中第三条第三款规定："被诉行政机关负责人应当出庭应诉。不能出庭的，应当委托行政机关相应的工作人员出庭。"这里的行政机关负责人包括行政机关的正职、副职负责人以及其他参与分管的负责人。行政机关负责人出庭应诉的，可以另行委托一名至二名诉讼代理人。行政机关负责人不能出庭的，应当委托行政机关相应的

工作人员出庭，不得仅委托律师出庭。行政机关负责人有正当理由不能出庭应诉的，应当向人民法院提交情况说明，并加盖行政机关印章或者由该机关主要负责人签字认可。

因此，房管局负责人盛某在因工作原因不能按时出庭的情况下，应当向人民法院提交情况说明，并安排其他分管负责人出庭。

法律条文

《中华人民共和国行政诉讼法》

第三条 人民法院应当保障公民、法人和其他组织的起诉权利，对应当受理的行政案件依法受理。

行政机关及其工作人员不得干预、阻碍人民法院受理行政案件。

被诉行政机关负责人应当出庭应诉。不能出庭的，应当委托行政机关相应的工作人员出庭。

《最高人民法院关于适用〈中华人民共和国行政诉讼法〉的解释》

第一百二十九条 涉及重大公共利益、社会高度关注或者可能引发群体性事件等案件以及人民法院书面建议行政机关负责人出庭的案件，被诉行政机关负责人应当出庭。

被诉行政机关负责人出庭应诉的，应当在当事人及其诉讼代理人基本情况、案件由来部分予以列明。

行政机关负责人有正当理由不能出庭应诉的，应当向人民法院提交情况说明，并加盖行政机关印章或者由该机关主要负责人签字认可。

行政机关拒绝说明理由的，不发生阻止案件审理的效果，人民法院可以向监察机关、上一级行政机关提出司法建议。

行政机关负责人出庭是法定义务，应当摒弃旧观念，积极配合人民法院工作。否则，不仅不能阻止法院审理，还将承担缺席审理的不利后果，行政机关负责人也将受到相应处分。

81. 行政诉讼中行政机关负责人拒不出庭，法院可以如何处理?

案例背景

某行政机关负责人付某因在一次行政诉讼过程中未按法官要求发言被法官警告，其对此一直耿耿于怀。恰巧在另一起案件中，因当事人郑某不服该行政机关作出的行政处罚而诉至法院，法院将此案件再次分给同一个法官。行政机关负责人付某收到法院传票后，看到又是该法官，心中有些恼火，不想出庭参加诉讼，认为自己不出庭大不了就是缺席判决而已，对案件实际情况不会有太大的影响，于是付某在法院再次电话通知后，仍拒绝出庭。

学法有疑

付某拒不出庭，法院除了缺席判决，还有什么制裁措施?

法律讲堂

严格落实行政机关负责人出庭制度可以提升行政机关执法的公信力，增强行政机关的法治意识，提高依法行政能力，以实现行政诉讼案件的法律效果和社会效果。但行政机关负责人出庭制度不能仅仅落在文字上，必须有相应的措施保证该制度得以执行。

我国《行政诉讼法》第六十六条第二款规定："人民法院对被告经传票传唤无正当理由拒不到庭，或者未经法庭许可中途退庭的，可以将被告拒不到庭或者中途退庭的情况予以公告，并可以向监察机关或者被告的上一级行政机关提出依法给予其主要负责人或者直接责任人员处分的司法建议。"由此可知，付某如因个人意志拒不出庭，法院除缺席判决外，还可以向其上一级行政机关提出给予付某处分的司法建议。

法律条文

《中华人民共和国行政诉讼法》

第六十六条第二款 人民法院对被告经传票传唤无正当理由拒不到庭，或者未经法庭许可中途退庭的，可以将被告拒不到庭或者中途退庭的情况予以公告，并可以向监察机关或者被告的上一级行政机关提出依法给予其主要负责人或者直接责任人员处分的司法建议。

一句话说法

能够出庭却拒不出庭的行政机关负责人，不仅面临缺席审判的不利后果，还将面临受到处分的可能，行政机关负责人务必提升依法行政的观念，重视行政诉讼的应对。

82. 行政诉讼中的举证责任在哪一方?

案例背景

G花园小区是某市G房地产公司新开发的高端小区，前期因为手续问题迟迟未开工。现已临近交房日期，为了防止出现违约情况，G公司催促施工单位加班加点干活。于是，施工单位不分昼夜地连续施工，巨大的噪声给周围居民带来很大困扰。经居民举报，环保部门工作人员到现场调查，及时对施工单位的违规行为进行制止，并对施工单位作出处罚决定。施工单位负责人对此不服，遂向人民法院提起了行政诉讼。环保部门的工作人员在应诉前关于举证问题产生了争论。小张认为，“谁主张，谁举证”，应当由提起诉讼的施工单位举证。小李认为，处罚决定是环保部门作出的，所以应当由环保部门举证。

学法有疑

谁的观点是正确的？行政诉讼中谁负有举证责任？

法律讲堂

小李的观点是正确的，环保部门负有举证责任。根据我国《行政诉讼法》第三十四条第一款的规定：“被告对作出的行政行为负有举证责任，应当提供作出该行政行为的证据和所依据的规范性文件。”由此可知，行政主体对被诉的具体行政行为应当承担举证责任。在本案中，环保部门依法对施工单位作出行政处罚，应当提供作出该行政行为的证据和所依据的规范性文件。

法律条文

《中华人民共和国行政诉讼法》

第三十四条 被告对作出的行政行为负有举证责任，应当提供作出该行政行为的证据和所依据的规范性文件。

被告不提供或者无正当理由逾期提供证据，视为没有相应证据。但是，被诉行政行为涉及第三人合法权益，第三人提供证据的除外。

一句话说法

在行政诉讼当中，对于被诉的具体行政行为的举证责任应当由被诉的行政主体一方承担。行政机关在做出具体行政行为时，应当遵循“先取证，后裁决”的程序规则，不得在没有事实依据的情况下做出任何裁决。在进入诉讼程序之后，行政机关应当在法定期限内提供证据，否则，很可能会承担败诉的后果。

83. 原告的证据不能证明被诉行政行为违法，可以免除被告的举证责任吗？

案例背景

每年5月1日至9月1日是D市的休渔期，在此期间禁止任何渔船出海捕鱼。2018年6月2日晚上，D市渔政部门工作人员像往常一样在某码头巡视检查，发现一条渔船在深夜满载而归，便对渔获物进行了扣押，并暂扣了该渔船船主的捕捞许可证。后经研究决定，对该渔船船主作出吊销捕捞许可证的处理。船主不服，行政复议无果后向人民法院提起行政诉讼。小马代表渔政部门参加诉讼，在庭审过程中，原告提供的证据都不能证明渔政部门的行政行为违法。小马心里产生了疑问，既然原告不能证明行政行为违法，那么我方是不是没有必要证明作出的行政行为合法了呢？

学法有疑

当原告的证据不能证明被诉行政行为违法时，可以免除被告的举证责任吗？

法律讲堂

即使原告的证据不能证明被诉行政行为违法，被告仍需就其行政行为的合法性承担举证责任。根据我国《最高人民法院关于行政诉讼证据若干问题的规定》第六条的规定："原告可以提供证明被诉行政行为违法的证据。原告提供的证据不成立的，不免除被告对被诉具体行政行为合法性的举证责任。"由此可知，无论原告能否证明被告作出的行政行为违法，被告都需要对被诉行政行为的合法性进行举证。在本案中，渔船船主对渔政部门作出的行政处罚决定不服，即使其提供的被诉行政行为违法的证据不成立，渔政部门也应当为其作出的行政行为合法性进行举证。

法律条文

《最高人民法院关于行政诉讼证据若干问题的规定》

第六条 原告可以提供证明被诉行政行为违法的证据。原告提供的证据不成立的，不免除被告对被诉具体行政行为合法性的举证责任。

一句话说法

在行政诉讼中，人民法院主要是审查被诉行政行为的合法性问题，行政机关应当及时向人民法院提供作出行政行为的证据和所依据的规范性文件。原告也可以提出证据来证明被诉行政行为违法，但这只是原告举证权利的表现，不引起证明责任的转移。

84. 被告无故不参加诉讼，其证据可以作为定案依据吗？

案例背景

A市食药监局对当地食品、药品生产企业的监管非常严格，坚持定期检查与不定期抽查的方式相结合，以保证产品质量达到要求。M公司是A市著名的食品生产公司，产品遍销国内外。2018年7月，A市食药监局在对M公司的一次抽查检验中发现，其生产糖果使用的一种原料的生产日期与登记中的不符，于是责令其立即停产此种糖果，并据此对M公司做出了相应的处罚。但是，M公司认为市食药监局的工作人员在执法过程中存在瑕疵，且对其处罚超过必要限度。M公司在向上级主管部门复议无果后，向人民法院提起行政诉讼。

2018年10月，法院开庭审理本案，市食药监局向法院出具了执法检查时的视频资料和作出行政处罚的依据，用以证明自己执法过程合法、处罚决定合理。但是，市食药监局负责人及相关工作人员在没有说明理由的情况下没有到庭参加审判。法院在庭审调查后，对本案进行了缺席判决，判决时未采用被告方市食药监局提供的证据。

学法有疑

法院作出缺席判决时，应当采用被告方提供的证据吗？

法律讲堂

法院作出缺席判决时，不会采用被告方提供的证据。根据我国《最高人民法院关于行政诉讼证据若干问题的规定》第三十六条的规定："经合法传唤，因被告无正当理由拒不到庭而需要依法缺席判决的，被告提供的证据不能作为定案的依据，但当事人在庭前交换证据中没有争议的证据除外。”一方当事人不参加诉讼，双方无法就证据的真实性、客观性、关联性作出辩论，会影响庭审期间对证据的审查。因此，通常情况下，被告提供的证据在缺席判决中不会被法院采纳。在本案中，被告方A市食药监局无故不参加庭审，且提供的证据不是在庭前交换的证据，因此当法院依法缺席判决时，不能作为定案依据。

法律条文

《最高人民法院关于行政诉讼证据若干问题的规定》

第三十六条 经合法传唤，因被告无正当理由拒不到庭而需要依法缺席判决的，被告提供的证据不能作为定案的依据，但当事人在庭前交换证据中没有争议的证据除外。

一句话说法

缺席判决是指一方当事人无正当理由拒不到庭或者未经法庭许可中途退庭，法院只对一方当事人进行询问、调查、听取意见，对未到庭一方当事人的起诉状或答辩状审核后，依法作出的判决。若一方当事人不到庭，会影响庭审期间对证据客观性、真实性、关联性的审查，缺席判决时被告提供的证据不会被法院采纳。在行政诉讼中，行政机关应当尽量避免出现缺席的情况。若机关负责人确实有正当理由无法到庭，可以委托相关工作人员到庭参加诉讼。

85. 被告作出行政行为后收集的证据，可以作为被诉行为合法的依据吗？

案例背景

H旅行社是某市知名旅行社，为客户提供国内外旅游服务。某日，该市文化旅游部门接到游客举报，称其参加H旅行社组织的旅行团到国外游览时，被导游在特产店中强迫消费2000元。市文化旅游部门立即采取行动，责令旅行社停业整顿，并对涉事游客给予相应的违约赔偿。但由于急于作出处理，市文化旅游部门未将证据搜集完整就作出了行政处罚的决定。H旅行社不服处罚决定，向当地人民法院提起诉讼。在法院开庭审理后，市文化旅游部门紧急向涉事游客补足了其在旅行中被强制消费的相关证据并提交给法院。

学法有疑

被告作出行政行为之后收集的证据可以作为被诉行为合法的依据吗？

法律讲堂

被告作出行政行为之后收集的证据不能作为被诉行为合法的依据。行政机关作出具体行政行为时，应当遵循“先取证，后裁决”的法定程序规则，不能在没有事实依据的情况下作出任何具体行政行为。显而易见，被告在行政诉讼过程中或者在作出行政行为之后收集的证据，不是作出具体行政行为的依据，因此不能被采用。我国《最高人民法院关于行政诉讼证据若干问题的规定》第六十条规定：“下列证据不能作为认定被诉具体行政行为合法的依据：（一）被告及其诉讼代理人在作出具体行政行为后或者在诉讼程序中自行收集的证据……”。由此可知，行政机关在行政行为作出后收集的证据不能证明其行为的合法性。在本案中，市文化旅游部门在对 H 旅行社作出行政处罚时，没有将证据搜集完整，在法院审理过程中才将游客被迫消费的相关证据提交给法院，根据法律规定，该证据不具有证明其行为合法的效力。

法律条文

《最高人民法院关于行政诉讼证据若干问题的规定》

第六十条 下列证据不能作为认定被诉具体行政行为合法的依据：

（一）被告及其诉讼代理人在作出具体行政行为后或者在诉讼程序中自行收集的证据；

……

一句话说法

行政机关在作出具体行政行为时，必须有充分的证据，没有证

据则不能作出该行政行为。行政机关作为被告，应在收到起诉状副本后十日内举证，否则视为行政行为没有相应的证据，这将直接导致行政机关败诉的结果。

86. 在行政诉讼中，什么情况下被告可以在一审程序中补充证据？

案例背景

老宋在B市经营熟食店已经有十多年的时间，由于其产品质量好、价格公道、风味独特，在B市形成了一个响亮的品牌，在全市范围内开了多家分店。前不久，老荣仿照老宋熟食店的装修风格和门店牌匾样式在B市某小区门口也开了一家熟食店，很多顾客以为是老宋熟食店开到了自家门口，纷纷慕名前来购买。后来有人发现自己上当，便向市场监督管理局进行举报。市场监督管理局认定，老荣以雷同装修风格和牌匾样式混淆大众，涉嫌侵犯商标权，责令其立即停止违法行为，并且没收违法所得2万元，同时作出罚款2万元的决定。老荣对市场监督管理局的行政处罚不服，复议无果后向人民法院提起诉讼。在一审程序中，老荣提出了新的证据用以证明自己的行为不是违法行为。但是市场监督管理局的工作人员表示，在之前的行政程序中老荣没有提出过该证据，他们也想就此补充相关证据。

学法有疑

市场监督管理局可以因此补充相应证据吗？

法律讲堂

经过人民法院的准许后，市场监督管理局可以补充相应证据。根据我国《最高人民法院关于行政诉讼证据若干问题的规定》第二条的规定："原告或者第三人提出其在行政程序中没有提出的反驳理由或者证据的，经人民法院准许，被告可以在第一审程序中补充相应的证据。"由此可见，针对原告在一审程序中新提出的反驳理由或者证据，被告可以进行证据补充。在本案中，老荣作为原告在一审程序中提出的证明材料，在之前的行政程序中并没有作为反驳理由或者证据被提出过，为了保证裁判公正，应允许行政机关补充相应的证据。

法律条文

《最高人民法院关于行政诉讼证据若干问题的规定》

第二条 原告或者第三人提出其在行政程序中没有提出的反驳理由或者证据的，经人民法院准许，被告可以在第一审程序中补充相应的证据。

依据“行政有证在先原则”，行政机关在作出行政行为时，必须有充分的证据，没有证据则不能作出该行政行为。同时，对于有些在行政程序中原告没有提出过的证据，根据公平原则，行政机关也可以在一审中针对原告新提出的证据，补充相应的证据以证明自己的行政行为合法。

87. 被告在行政程序中非法剥夺原告申辩的权利所形成的证据，可以作为被诉行为合法的依据吗？

案例背景

S造纸厂是R市的知名企业，其生产的产品畅销全国。在创建国家级环境卫生城市之际，R市环保部门加大了对当地企业的检查力度。在一次抽查过程中，环保部门发现S造纸厂排放的废水中有一项指标没有达标，于是据此对S造纸厂作出了罚款5万元的处罚决定。S造纸厂认为，他们排放的废水是经过最新技术处理后的水，其中的一项指标虽然与之前的废水不同，但也在合格范围内。但是，R市环保部门没有听取S造纸厂的解释和申辩。于是，造纸厂向人民法院提起了行政诉讼。在法院审理过程中，环保部门向法院提交了作出处罚的依据，但是原告S造纸厂认为，被告环保部门并未听取自己的申辩，此依据不能作为证明被告行政行为合法性的依据。

学法有疑

在行政程序中，被告非法剥夺公民或者法人申辩权利所形成的证据，能否作为证明其行政行为合法的依据？

法律讲堂

被告非法剥夺公民或者法人申辩权利所形成的证据，不能作为证明其行政行为合法的依据。我国《最高人民法院关于行政诉讼证据若干问题的规定》第六十条明确规定：“下列证据不能作为认定被诉具体行政行为合法的依据：……（二）被告在行政程序中非法剥夺公民、法人或者其他组织依法享有的陈述、申辩或者听证权利所采用的证据……”由此可见，行政机关不得非法剥夺公民或者法人陈述和申辩的权利。在本案中，R市环保部门没有听取S造纸厂的陈述和申辩，在此情况下形成的证据不符合法律规定，将不会被法院所采纳，即不能作为证明其行政行为合法的依据。

法律条文

《最高人民法院关于行政诉讼证据若干问题的规定》

第六十条 下列证据不能作为认定被具诉行政行为合法的依据：

……

（二）被告在行政程序中非法剥夺公民、法人或者其他组织依法享有的陈述、申辩或者听证权利所采用的证据；

……

在行政程序中，当事人享有陈述自己主张、要求和解释、澄清、辩解的权利。对于行政相对人享有的法定权利，行政机关应尊重并正确对待，不能随意剥夺，否则，所取得的证据将不能作为行政机关证明其行为合法的依据。

88. 如果行政机关胁迫原告撤诉，应当依法承担什么法律后果？

案例背景

W 市为了促进本市经济发展，大力招商引资。D 水泥厂是我国某市著名实业企业，在 2019 年的招商过程中，D 水泥厂被 W 市良好的条件吸引，打算到 W 市投资建设分厂。在前期筹备工作中，D 水泥厂工作人员到 W 市环保部门申请排污许可证，工作人员以生产工艺流程图不合格为由作出了不予许可的决定。后水泥厂工作人员对相关材料进行了修改，W 市环保部门依然无理由不予许可。D 水泥厂不服此决定，遂向人民法院提起诉讼。人民法院依法受理此案，但 W 市环保部门因害怕该事件暴露，欲威胁水泥厂撤诉。

学法有疑

如果行政机关胁迫原告撤诉，可能会承担什么法律后果？

法律讲堂

如果行政机关胁迫D水泥厂撤诉，人民法院会根据情节轻重对其作出相应处罚。根据我国《行政诉讼法》第五十九条的规定，诉讼参与人以欺骗、胁迫等非法手段使原告撤诉的，人民法院将根据情节的轻重，对责任人处以罚款或者拘留；构成犯罪的，将依法追究刑事责任。行政机关与行政相对人处于不平等的地位，行政机关享有行政权力，处于绝对优势地位，因此需要法律为行政相对人提供保护，以平衡双方在行政诉讼中的地位。在本案中，W市环保部门不能以任何理由采用威胁的手段迫使原告撤诉，否则会受到相应的法律处罚。

法律条文

《中华人民共和国行政诉讼法》

第五十九条 诉讼参与人或者其他人有下列行为之一的，人民法院可以根据情节轻重，予以训诫、责令具结悔过或者处一万元以下的罚款、十五日以下的拘留；构成犯罪的，依法追究刑事责任：

……

（五）以欺骗、胁迫等非法手段使原告撤诉的；

……

人民法院对有前款规定的行为之一的单位，可以对其主要负责人或者直接责任人员依照前款规定予以罚款、拘留；构成犯罪的，依法追究刑事责任。

罚款、拘留须经人民法院院长批准。当事人不服的，可以向上一级人民法院申请复议一次。复议期间不停止执行。

一句话说法

在现实生活中，行政机关依法享有行政权力，但是不得肆意扩大自己的权力。尤其是在作出具体行政行为的过程中，要严格依照法律、法规的规定运用权力，不得作出侵害行政相对人利益的行为。

89. 行政行为被判决撤销后，行政机关还能以同一事实和理由作出相同的处理决定吗？

案例背景

王先生在Q市经营一家教辅书店，由于书籍品类齐全、价格亲民，受到很多消费者的青睐。为了进一步提高营业额，最近王先生在店内专门开辟出一排货架售卖畅销书。但是，工商行政管理部门在检查时认为，王先生的书店主营教辅书籍，畅销书超出了其经营范围，于是对书店作出了罚款的处理决定。王先生不服工商部门的处理结果，遂向法院提起了行政诉讼。法院经过调查核实，认为王先生售卖畅销书没有超过书店的经营许可范围，判决工商管理部门撤销对书店作出的罚款决定。然而，判决生效后不久，工商管理部门又以同一理由，再次对该书店作出罚款的处理决定。

学法有疑

工商管理部门的做法正确吗？行政行为被撤销后，能再次以同一理由作出同样的处罚决定吗？

法律讲堂

工商管理部门的做法是不合法的。根据我国《行政诉讼法》第七十一条的规定："人民法院判决被告重新作出行政行为的，被告不得以同一的事实和理由作出与原行政行为基本相同的行政行为。"在本案中，法院已经判决工商管理部门撤销对王先生书店的处罚决定，在判决生效后，工商管理部门不得以同一事实和理由再次作出相同的行政行为。

法律条文

《中华人民共和国行政诉讼法》

第七十一条 人民法院判决被告重新作出行政行为的，被告不得以同一的事实和理由作出与原行政行为基本相同的行政行为。

法院判决撤销某一行政行为后，行政机关则不得再以同一事实和理由作出基本相同的处理决定。如果行政机关仍认为行政相对人的行为不合法，在作出与被撤销处罚决定相同的处理决定时，需要提供新的事实和证据，或者根据行政相对人的行为作出不同的处理决定。

90. 行政机关不执行行政案件判决的，法院可以采取哪些措施？

案例背景

某交警大队在执法的过程中，将贺某停放在路边的车辆拖走，并要求贺某缴纳罚款以及拖车费用。贺某的车辆是四驱的，交警大队在拖车的过程中因操作不当，导致车辆驱动系统损坏。贺某认为交警大队的行为不当，将其诉至人民法院。人民法院经审理后，支持了贺某的诉讼请求，判决交警大队限期退还拖车费等款项。判决生效后，交警大队拒不履行判决。

学法有疑

如果交警大队拒不履行判决，法院可以采取什么措施？

法律讲堂

法院作出的判决、裁定、调解书具有强制力，当事人必须履行人民法院发生法律效力的判决、裁定、调解书。行政机关也不例外，对法院作出的终审判决必须无条件履行。

我国《行政诉讼法》第九十六条规定："行政机关拒绝履行判决、裁定、调解书的，第一审人民法院可以采取下列措施：（一）对应当归还的罚款或者应当给付的款额，通知银行从该行政机关的账户内划拨；（二）在规定期限内不履行的，从期满之日起，对该行政机关负责人按日处五十元至一百元的罚款；（三）将行政机关拒绝履行的情况予以公告；（四）向监察机关或者该行政机关的上一级行政机关提出司法建议。接受司法建议的机关，根据有关规定进行处理，并将处理情况告知人民法院；（五）拒不履行判决、裁定、调解书，社会影响恶劣的，可以对该行政机关直接负责的主管人员和其他直接责任人员予以拘留；情节严重，构成犯罪的，依法追究刑事责任。”因此，案例中交警大队拒绝履行法院判决的，可能同时受到上述各项制裁。

法律条文

《中华人民共和国行政诉讼法》

第九十六条 行政机关拒绝履行判决、裁定、调解书的，第一审人民法院可以采取下列措施：

（一）对应当归还的罚款或者应当给付的款额，通知银行从该行政机关的账户内划拨；

（二）在规定期限内不履行的，从期满之日起，对该行政机关负责人按日处五十元至一百元的罚款；

（三）将行政机关拒绝履行的情况予以公告；

（四）向监察机关或者该行政机关的上一级行政机关提出司法建议。接受司法建议的机关，根据有关规定进行处理，并将处理情况告知人民法院；

（五）拒不履行判决、裁定、调解书，社会影响恶劣的，可以对该行政机关直接负责的主管人员和其他直接责任人员予以拘留；情节严重，构成犯罪的，依法追究刑事责任。

法院作出的判决、裁定、调解书具有强制执行力，行政机关应当严格履行自己的义务，否则将会面临法院的一系列处罚。

第 9 章

永葆初心，坚守纪律红线——中国共产党纪律处分知识

91. 对党员的纪律处分种类有哪些？其具体内容分别是什么？

案例背景

周某是一名党员，在A市卫生与计划生育服务所工作。2020年3月26日，A市突发疫情，周某为躲避疫情，一直请假留在老家休息。相关负责人多次通过电话、微信催促其到岗开展疫情防控工作，其皆找借口拒绝返岗。2020年5月6日，周某因拒绝返岗、拒绝从事疫情防控工作而被处以党内严重警告。周某不清楚严重警告具体指什么，只知道自己受了处分。

学法有疑

对党员的纪律处分有哪些？其具体内容分别是什么？

法律讲堂

党员纪律与法律的目的有共同之处，即规范行为，维护权益。党员纪律可以督促党员保持先进性和纯洁性，助推党的政策、方针、路线的实施。中国共产党自建党之日起，就十分注重党的纪律建设，党内纪律严明，才能使党员奋发图强，无往不胜。党员违反党员纪

律的，应视情节给予一定的处分，这样才能提高党的执政能力和领导水平，加强党防范腐败、抵御风险的能力。

根据《中国共产党纪律处分条例》第八条的规定：“对党员的纪律处分种类：（一）警告；（二）严重警告；（三）撤销党内职务；（四）留党察看；（五）开除党籍。”警告是指，对违纪的党员提出告诫，督促其认识并改正错误，是最轻的党纪处分，适用于违纪情节较轻的党员。严重警告也是一种较轻的党纪处分，是对党员提出严厉的训诫，适用于违纪处分情节较轻但重于警告的情形。撤销党内职务，是指撤销违纪党员原本由党内选举或者组织任命的党内职务，属于较重的党纪处分。留党察看的严重程度仅次于开除党籍，是对违纪党员在一定时期内保留党籍，但限制其部分党员权利，留在党内查看其现实表现的处分，分为留党察看一年、留党察看两年。开除党籍是最严重的党纪处分，是指对违纪党员给予党员除名的纪律处分，适用于严重违纪，造成重大不良影响的违纪党员。

本案中，作为A市卫生与计划生育服务所的公务人员，发生疫情后参与抗疫工作本就是周某的工作职责，而且周某是一名党员，更应积极投身疫情防控工作，但其却因为惧怕疫情，而躲在老家拒绝返岗，其行为违反了党中央的指令和号召，为了维护党员形象，提高党员的抗风险能力，应对周某作出处分，因其行为较为恶劣，造成的不良影响尚不严重，所以对其处以严重警告的处分合情合理。

法律条文

《中国共产党纪律处分条例》

第八条 对党员的纪律处分种类：

（一）警告；

（二）严重警告；

（三）撤销党内职务；

（四）留党察看；

（五）开除党籍。

一句话说法

不论身处何处、不论面临何种风险，共产党员都要勇担责任，积极服从党中央的安排和号召。在全面建设小康社会的新阶段，共产党员身担改革开放和长期执政的两大重担，为切实提高党的执政能力，增强党抵御风险的能力，因此对党员的纪律处分尤为关键。

92. 强迫、唆使他人违纪的，应当从重或者加重处分吗？

案例背景

老张是一名党内高级领导干部，其经常违反政治纪律，比如在党内选举时利用职权为自己拉票，打探巡视信息等。除此之外，其还利用职权和金钱强迫和教唆其他党员为自己的亲属谋取利益。后其行为被查处，党组织决定加重对其的党内处分，给予老张留党察看处分。老张认为，其行为应该受到党内处分，但不能因为其强迫、教唆他人违纪就对其加重处分。

学法有疑

老张的想法对吗？他应该受何种处分？

法律讲堂

目前，有一些党员领导干部，利用自己的职权强迫或教唆其他党员违纪，究其原因还是抵不住金钱和利益的诱惑。自己违法违纪，还拉上其他党员一起违纪，将利益的爪牙伸向更深、更远处。但这些人往往最终机关算尽，还是难逃党组织的严密审查和严厉处分。

根据《中国共产党纪律处分条例》第二十条第一项的规定，强迫、唆使他人违纪的应当从重或者加重处分。本案中，老张不仅自己违纪，还利用自己的职权强迫、教唆其他党员违纪。例如，强迫、教唆巡视人员透露巡视信息，强迫、教唆其他党员为自己的亲属谋取利益。所以，应对老张从重或加重处分。

法律条文

《中国共产党纪律处分条例》

第二十条 有下列情形之一的，应当从重或者加重处分：

（一）强迫、唆使他人违纪的；

……

一句话说法

身居高位不乱用权，身有财富不行贿。不论党员干部职位有多高，权力有多大，都要遵守党内纪律。党员领导干部更要严于律己、拒腐防变，不受权力和利益的驱使。如果党员领导干部利用职权或利益强迫、教唆其他党员违纪的，会被加重或从重处分。

93. 存在两次违纪且应当受处分情形的，应当从重处分吗?

案例背景

2018年5月23日，某县党委副书记老刘为了庆祝自己的生日，在当地著名的酒店举办了生日宴会，中午摆了16桌酒席，邀请同事、朋友、亲属等人参加。由于声势较大，被县纪委抓了个现行，县监察机关当即对老刘作出了严重警告处分。没想到老张毫不在意，晚上又在该酒店摆了10桌酒席，邀请邻居、企业老板、老师等人员参加，并再次被当地县纪委查获。经查，老王通过生日会收受礼金共计120万元。该县监察机关决定对老刘加重处分，给予老刘撤销党内职务处分。

学法有疑

老刘的做法应被加重处分吗?

法律讲堂

一名党员多次违纪，说明其目无法纪，无视党的纪律红线。这也提醒我们，反腐倡廉应继续狠抓落实。同一名党员，受到一次处分，不代表其能迷途知返。对于两次违纪甚至多次违纪的党员，绝不能心慈手软，助长不良势力，必须对其加重处分。

根据《中国共产党纪律处分条例》第二十条第三项的规定，违纪受处分后又因故意违纪应当受到党纪处分的，应当从重或者加重处分。本案中，老刘因在生日当天大摆宴席而被处以严重警告的纪律处分后，继续大摆宴席，并收受礼金，其行为应受党纪处分。因其连续两次违纪，且两次违纪都应当受处分，所以应加重对其的处分。

法律条文

《中国共产党纪律处分条例》

第二十条 有下列情形之一的，应当从重或者加重处分：

……

（三）违纪受处分后又因故意违纪应当受到党纪处分的；

……

一句话说法

违纪党员受处分后，应及时反省，改正自己的错误。如果违纪党员受处分后，又继续故意违纪应受党纪处分的，充分表明其对党纪处分的无视，必须从重或加重对其的处分。

94. 党员在受留党察看处分期间又违纪的，会被开除党籍吗？

案例背景

2017 年 3 月至 2019 年 7 月，小红在担任 A 市党工委副书记期间，曾多次收受某清洁能源公司总经理小王、某建筑公司项目负责人小杜、某运输公司经理小杰所送的超市充值卡和加油站充值卡，价值人民币共计 4 万元。2019 年 8 月，小红的行为被监察机关查处，小红因此受到留党察看一年的纪律处分。在留党察看期间，小红再次收受某影视公司赠送的超市充值卡和加油站充值卡，价值人民币 5000 元。该行为被人举报，小红最终被开除党籍。

学法有疑

小红应被开除党籍吗？

法律讲堂

党员因违纪被处以留党察看一年或两年的，可以视其在察看期内的悔改情况，对其进行下一步的安排和处理。对于一般性的错误，违纪党员真心悔过、认真改正，且在其他方面未完全丧失党员资格的，留党察看期满，可以恢复其党员权利。如果违纪党员不思悔过，继续我行我素，违反党员纪律，应受党纪处分的，应开除其党籍，以立党纪之威。

按照《中国共产党纪律处分条例》第十二条第二款之规定，党员留党察看期间，确有悔改表现的，期满后恢复其党员权利；坚持不改或者又发现其他应当受到党纪处分的违纪行为的，应当开除党籍。留党察看的目的是给予违纪党员悔改的机会。本案中，小红因收受钱财而被处以留党察看一年的处分，在留党察看期间，其不知悔改，继续收受他人钱财，应受党纪处分，所以应开除其党籍。

法律条文

《中国共产党纪律处分条例》

第十二条第二款 党员受留党察看处分期间，没有表决权、选举权和被选举权。留党察看期间，确有悔改表现的，期满后恢复其党员权利；坚持不改或者又发现其他应当受到党纪处分的违纪行为的，应当开除党籍。

一句话说法

留党察看属于较重的党纪处分，但仍给违纪党员留有一丝余地。违纪党员在留党察看期间认真悔过、改正错误的，留党察看期满，可以恢复其党员权利。违纪党员如果不珍惜此次机会，继续违法乱纪的，应开除其党籍，以保持全党的纯洁性。

95. 被开除党籍后，多久后可以再次入党？

案例背景

朱某原来是甲村的党支部书记。2016 年 9 月，朱某代表村里到山东济南购买建筑材料，从中贪污 2 万元。2016 年 10 月，朱某的行为被当地村民举报。经调查，朱某除贪污 2 万元外，还挪用公款 3 万元。2016 年 11 月，朱某被当地检察院以贪污罪起诉，后以贪污罪被法院判刑。由于朱某的行为已构成贪污罪，2016 年 11 月 4 日，县纪委同时对其作出开除党籍的纪律处分，并在甲村党员大会上宣布了此事。后朱某真心悔过，想重新加入中国共产党，却被相关负责人老张告知，2021 年 11 月 4 日之前，其不得重新入党。

学法有疑

老张的说法对吗？朱某多久后可以重新入党？

法律讲堂

开除党籍是最严重的党纪处分，针对的是一些党员违纪行为十分恶劣、影响比较大的情况。如果不限制开除党籍人员再次入党的时间，会导致被开除党籍的人员在短期内重新入党。这会造成以下不良影响：首先，被开除党籍人员不能深刻认识自己的错误，重新入党后，很可能继续违法乱纪，污染党内风气。其次，被开除党籍人员短期重新入党，会损害党纪处分的威严，也难以平大众之愤。

对于被开除党籍后再次入党的时间，《中国共产党纪律处分条例》第十三条规定：“党员受到开除党籍处分，五年内不得重新入党，也不得推荐担任与其原任职务相当或者高于其原任职务的党外职务。另有规定不准重新入党的，依照规定。”由此可知，党员违纪被开除党籍的，5 年内不能重新入党，也不能担任与原党外职务持平或高于原党外职务的职务。本案中，朱某因贪污被开除党籍，自其被开除党籍之日起5年内不得重新加入共产党。5年期满后，也就是2021年11月4日之后，其才可以重新申请入党。

法律条文

《中国共产党纪律处分条例》

第十三条 党员受到开除党籍处分，五年内不得重新入党，也不得推荐担任与其原任职务相当或者高于其原任职务的党外职务。

另有规定不准重新入党的，依照规定。

党员应始终保持初心和理想信念，不能触碰纪律红线，踏入纪律“雷区”，要经住诱惑、守住底线。否则，一旦被开除党籍，5年内不得重新加入共产党。这不仅是对违纪行为的一种处分，也是对党员资格的一种限制。

96. 被留党察看后，党代会代表的资格会受影响吗？

案例背景

小王是A市人大常委会党组副书记，2016年3月至2019年7月，小王违反中央八项规定精神，接受他人宴请；私自使用公务用车；违反组织纪律，谎报个人情况；利用职务便利为自己的亲属谋取职务上的利益；违反廉洁纪律，收受他人赠送的礼品、礼金。2019年8月，省纪委监委会决定对其处以留党察看2年的处分，并降为副处级非领导干部，终止其党代会代表资格，收缴违纪所得。小王接受留党察看和没收违纪所得的处分，但觉得不应该因此终止其党代会代表的资格。

学法有疑

小王的想法对吗？

法律讲堂

党员代表在党组织内部发挥着至关重要的作用，一般而言，党员代表是党员中的优秀、先进人士，具有良好的政治素质，遵守党员纪律，积极履行职责。如果党员因违纪被处以留党察看的处分，证明其违纪行为恶劣，思想不端正，行为不检点。这样的党员已经丧失了做党员代表的资格，如果继续让其担任党代会代表，可能会影响会议事项的正确决定。所以，《中国共产党纪律处分条例》第十四条明确规定："党的各级代表大会的代表受到留党察看以上（含留党察看）处分的，党组织应当终止其代表资格。"由此可知，党员因违纪被处以留党察看的，其党代会代表的资格也要被终止。本案中，小王因一系列违纪行为被处以留党察看2年的纪律处分，按照党纪规定，应同时终止其代表资格。所以，小王的想法是错误的，省纪委监委会的做法并无不当。

法律条文

《中国共产党纪律处分条例》

第十四条 党的各级代表大会的代表受到留党察看以上（含留党察看）处分的，党组织应当终止其代表资格。

一句话说法

党员应洁身自好，自觉规范自身行为，严格遵守党的纪律。不要为了一己私利触碰纪律红线，否则可能会付出沉重的代价。党员因违纪被处以留党察看的，党代会代表资格也会被终止，这不仅是纪律的处分，而且是资格的丧失。

97. 经过侦查审判，党员并无犯罪行为的，其以前的权利应该恢复吗？

案例背景

小刘是一名党员，在当地政府部门工作。2019 年 2 月 5 日，小刘的朋友从外地出差回来送给小刘一件上等的玉器，小刘几经推脱后还是收下了朋友的美意。2019 年 2 月 18 日，小刘突然接到检察机关的调查函，称有人举报其收受贿赂为朋友谋取职务利益。后经侦查得知，小刘是收受了朋友的礼物，但并未为朋友谋取不正当的利益，小刘的行为不构成受贿罪。然而，在调查结果出来之前，省纪委监委会已经因小刘收受礼品的行为给予了其撤销党内职务处分。小刘认为，自己没有犯罪，以前的职务该恢复。

学法有疑

小刘的想法对吗？其职务应该恢复吗？

法律讲堂

犯罪标准和党员违纪标准并不一样，党员的违纪行为不一定构成犯罪，所以党员行为经侦查、审判，即使没有被认定为犯罪的，其仍可能会因违反《中国共产党纪律处分条例》而受到党纪处分。如果党员行为既不构成犯罪，又不违反党纪的，可以在调查结束后恢复其权利。如果党员行为不构成犯罪，但触犯《中国共产党纪律处分条例》的，应视具体情节，处以警告、严重警告、撤销党内职务、留党察看或开除党籍的党纪处分。

《中国共产党纪律处分条例》第二十八条规定：“党组织在纪律审查中发现党员有刑法规定的行为，虽不构成犯罪但须追究党纪责任的，或者有其他违法行为，损害党、国家和人民利益的，应当视具体情节给予警告直至开除党籍处分。”本案中，小刘收受朋友礼品的行为虽不构成受贿罪，但违反了党员廉洁纪律，应受党纪处分，省纪委监委会对其收受礼品的行为所作出的撤销党内职务处分不因其未成立受贿罪而受影响。党纪处分依然有效，小刘的职务不得恢复。

法律条文

《中国共产党纪律处分条例》

第二十八条　党组织在纪律审查中发现党员有刑法规定的行为，虽不构成犯罪但须追究党纪责任的，或者有其他违法行为，损害党、国家和人民利益的，应当视具体情节给予警告直至开除党籍处分。

一句话说法

不违法不等于不违纪，党员行为虽不构成犯罪，但违反党员纪律的，依旧应受党纪处分。党员行为不构成犯罪，只能使其免于刑事处罚，并不能使其免予党纪处分。党员应严于律己，做到既不违法，也不违纪。

98. 党员犯罪情节轻微，可以留党察看吗？

案例背景

陈某是一名党员。2019 年 3 月 14 日，其驾驶私家车由东向西行驶，行至某酒店门口时，撞到了小王停在路边的小汽车，两车皆有轻微损坏。经鉴定，陈某的血液中酒精含量为 84mg/100mL，属于醉酒驾驶机动车。事故发生后，陈某积极赔偿小王因此遭受的损失，并真心认罪悔过。考虑到陈某认罪态度良好，血液中酒精含量也比较低，事故危害较小，最终法院判决陈某构成危险驾驶罪，因其犯罪情节轻微，判处拘役两个月，并处罚金 3000 元。因陈某醉酒驾驶机动车，党组织对其作出了开除党籍的处分。陈某认为，自己犯罪情节轻微，连法院都酌情轻判，党组织给予其开除党籍的处分太过严厉。

学法有疑

陈某的想法对吗？他应该受何处分？

法律讲堂

党员犯罪情节轻微，可以留党察看，但如果因故意犯罪被法院判处刑法规定的主刑的，应受开除党籍的处分。

对此，《中国共产党纪律处分条例》第三十一条第一款规定：“党员犯罪情节轻微，人民检察院依法作出不起诉决定的，或者人民法院依法作出有罪判决并免予刑事处罚的，应当给予撤销党内职务、留党察看或者开除党籍处分。”由此可知，党员犯罪情节轻微，人民检察院决定不起诉或人民法院作出有罪判决但免予刑事处罚的，给予该党员撤销党内职务、留党察看、开除党籍中的其中一项处分。除此之外，该条例第三十二条第一款第一项规定，党员因故意犯罪被依法判处刑法规定的主刑（含宣告缓刑）的，应当给予开除党籍处分。由此可知，党员只要因故意犯罪被判处刑法规定的主刑，就应当开除党籍，不论其犯罪情节是否轻微。本案中，陈某醉酒驾驶机动车，构成危险驾驶罪，属于故意犯罪，且其被法院判处拘役两个月，党组织应对其处以开除党籍的处分。

法律条文

《中国共产党纪律处分条例》

第三十一条第一款 党员犯罪情节轻微，人民检察院依法作出不起诉决定的，或者人民法院依法作出有罪判决并免予刑事处罚的，应当给予撤销党内职务、留党察看或者开除党籍处分。

第三十二条 党员犯罪，有下列情形之一的，应当给予开除党籍处分：

（一）因故意犯罪被依法判处刑法规定的主刑（含宣告缓刑）的；

（二）被单处或者附加剥夺政治权利的；

（三）因过失犯罪，被依法判处三年以上（不含三年）有期徒刑的。

因过失犯罪被判处三年以下（含三年）有期徒刑或者被判处管

制、拘役的，一般应当开除党籍。对于个别可以不开除党籍的，应当对照处分党员批准权限的规定，报请再上一级党组织批准。

一句话说法

只有犯罪情节轻微，检察院依法决定不起诉，或法院依法判决有罪但免予刑事处罚的，违纪党员才有可能被处以较轻的撤销党内职务、留党察看处分。如果党员故意犯罪，被法院认定有罪并给予刑事处罚的，即使该党员犯罪情节轻微，也必须开除党籍。

99. 生效的判决被推翻后，党员的处分也可以“翻案”吗?

案例背景

陆某是A市某县农业局负责人。陆某进入农业局工作后，一直专心研究农业技术推广，多次获得表彰。2015年3月，突然有人举报陆某贪污和挪用公款。检察机关立即立案侦查，并对陆某以贪污罪和挪用公款罪向当地法院提起刑事诉讼。2015年7月，当地人民法院作出一审判决，判决陆某构成贪污罪和挪用公款罪，分别判处有期徒刑3年和有期徒刑2年，决定执行有期徒刑4年。同月，该县纪委、监察机关对陆某作出开除党籍和公职的处分。陆某不服一审判决提起上诉，二审法院维持了原判。判决生效后，陆某一直申诉。2018年8月，A市中院对此案件进行再审，经审理认为，陆某未贪污公款，该公款实际用于农业局的房屋修缮。陆某也未挪用公款，公款实际用于购买化肥，该行为已经上级领导批准。2019年9月，A市中级人民法院裁定撤销原判，发回重审。同年11月，原审人民法院以证据不足，宣告陆某无罪。

学法有疑

陆某的有罪判决被推翻了，县纪委、监察机关对其作出的党纪处分可以被推翻吗?

法律讲堂

我国实行两审终审制，判决生效后，当事人因不服判决可以申诉，后经再审，最终也可能会改判无罪。那么，如果原判决被推翻，新的判决对党员之前受到的党纪处分有影响，党组织应根据新的判决重新处理该党员的处分事宜，以彰显党纪国法的公平公正。

《中国共产党纪律处分条例》第三十三条第四款规定：“党组织作出党纪处分或者组织处理决定后，司法机关、行政机关等依法改变原生效判决、裁定、决定等，对原党纪处分或者组织处理决定产生影响的，党组织应当根据改变后的生效判决、裁定、决定等重新作出相应处理。”本案中，原审法院判决陆某构成贪污罪和挪用公款罪，党组织因此以为陆某确实存在贪污行为和挪用公款行为，对陆某作出开除党籍的处分。案件再审后，原生效判决被推翻，陆某被改判无罪。法院作出的无罪判决对陆某所受党纪处分有影响，因此，其所在农业局党组织应根据新的无罪判决重新处理对陆某之前的处分决定。

法律条文

《中国共产党纪律处分条例》

第三十三条第四款 党组织作出党纪处分或者组织处理决定后，司法机关、行政机关等依法改变原生效判决、裁定、决定等，对原党纪处分或者组织处理决定产生影响的，党组织应当根据改变后的生效判决、裁定、决定等重新作出相应处理。

法院判决与党纪处分虽然是两回事，但存在一定联系。如果已经生效的法院判决被推翻，且新的判决对党员之前所受的党纪处分有影响的，党组织应根据新的判决重新处理处分事宜。如果党组织未重新作出处理的，当事人应积极提出申请，维护自己的权益。

100. 对于朋友圈里的不当言论，党员干部应该怎么做？

案例背景

郑某是一名党员，他关注国家的大政方针，经常对党和国家的政策发表自己的看法和意见，并且喜欢在微信朋友圈里发布、浏览和转发分享文章等。有一次，郑某在浏览朋友圈的过程中，看到一篇指责国家改革开放与经济政策的文章，觉得“很好”，便对文章进行了评论，表示赞同，并在微信朋友圈里进行了转发分享，还将该文章在其他微信群、QQ群里进行分享讨论，称此文章“写得甚好”。

学法有疑

郑某的做法对吗？他应该怎么做？

法律讲堂

目前一些人认为自己作为公民，享有言论自由的权利，并把微信朋友圈看作一个可以随意发言、毫无束缚的言论自由的平台，以至于现在的微信朋友圈里充斥着各种虚假和不当的言论。这些不当言论在朋友圈里进行传播、扩散，有时很容易引发外界刻意歪曲的解读，从而造成恶劣影响，破坏党和政府的形象。

根据《中国共产党纪律处分条例》第四十五条第一款的规定，通过信息网络、论坛等方式，公开发表反对党的改革开放决策的文章、演说、宣言、声明等的，给予开除党籍处分。本案中郑某的做法是错误的，其应该清楚地认识到微信朋友圈是个公共平台，其自身的言行要与党中央保持一致，要坚决维护党和国家的形象，不应在微信朋友圈内对党和国家的方针政策妄加评论。并且，对于在朋友圈里发现的不当或反动言论，他应该对当事人加以教育，必要时还可以向有关部门进行举报。

法律条文

《中国共产党纪律处分条例》

第四十五条第一款 通过网络、广播、电视、报刊、传单、书籍等，或者利用讲座、论坛、报告会、座谈会等方式，公开发表坚持资产阶级自由化立场、反对四项基本原则，反对党的改革开放决策的文章、演说、宣言、声明等的，给予开除党籍处分。

无论是在现实中还是网络中，广大党员都应严格要求自己，对自己的言行负责任，做到不乱谈、不乱讲，把不发表与党和国家的政策相违背的言论作为自己的责任和使命，在言谈上、行动上与党中央保持高度一致。

101. 在党内搞团团伙伙、结党营私、拉帮结派，会受到怎样的纪律处分？

案例背景

老张是某市政府A部门的领导，小王是刚刚考入该部门的公务员。刚进单位，小王就发现部门的同事经常被集中在一起“学习”老张的讲话精神，“学习”后还要提交心得体会和思想汇报。小王不明白为什么这样做，问了其他同事才知道，只有忠于领导，在精神和行动上与领导保持一致，才能得到领导的认可，才有可能被领导提拔。之前的同事小红就是因为对老张唯命是从，才得到了提拔重用。老张会按照每个人的“忠诚度”区分使用。

学法有疑

老张的做法对吗？小王是否要向其他人学习？

法律讲堂

党员利用手中的权力在党内结党营私、拉帮结派，严重污染了党内风气和党组织的纯洁性。对于享有公权力的党员，尤其是党员领导干部来说，结党营私、搞团团伙伙不仅是涉及个人生活的小事，更是关系党风党性的大事。这些表面上的“关系好”实质上都是恭维权力，极易导致官僚主义和贪污腐败。

《中国共产党纪律处分条例》第四十九条规定：“在党内搞团团伙伙、结党营私、拉帮结派、培植个人势力等非组织活动，或者通过搞利益交换、为自己营造声势等活动捞取政治资本的，给予严重警告或者撤销党内职务处分；导致本地区、本部门、本单位政治生态恶化的，给予留党察看或者开除党籍处分。”本案中，老张的行为实质上就属于搞团团伙伙、结党营私、拉帮结派的行为，严重违反了党的纪律，应视其造成的不良影响对其处以严重警告至开除党籍处分。

法律条文

《中国共产党纪律处分条例》

第四十九条　在党内搞团团伙伙、结党营私、拉帮结派、培植个人势力等非组织活动，或者通过搞利益交换、为自己营造声势等活动捞取政治资本的，给予严重警告或者撤销党内职务处分；导致本地区、本部门、本单位政治生态恶化的，给予留党察看或者开除党籍处分。

党员干部应严守党员纪律，不在党内搞团团伙伙、拉帮结派等活动。当前防腐倡廉的形势依旧很严峻，在惩治腐败的高压态势下，谁搞团伙主义，谁就要付出沉重的代价。

102. 隐瞒入党前的严重错误，会受到怎样的纪律处分?

案例背景

刚某，中共党员，2009年入党，2015年3月至2017年4月担任某市直部门某处处长。刚某在入党前，曾因盗窃罪被判处有期徒刑3年，缓刑3年，并处罚金8000元。然而，2009年7月刚某申请入党时，未向党组织说明其曾经受过刑事处罚，相关负责人也未做深入调查，所以未发现上述情况。2019年7月，某市直部门党组收到一封举报信，信的内容为刚某隐瞒入党前的犯罪事实和受过刑事处罚的事实。后经核实，刚某才承认自己确实隐瞒了曾受过刑事处罚的事实。鉴于其入党后一贯表现良好，某市直部门党组最终决定给予刚某留党察看一年的处分。

学法有疑

刚某隐瞒曾受过刑事处罚事实的行为对吗?隐瞒入党前的严重错误，应受何种纪律处分?

法律讲堂

有些人为了加入中国共产党，故意隐瞒其入党前犯过的严重错误，虽然想入党的初衷是好的，但其隐瞒事实的行为却不被支持。申请加入党组织，就应对党如实报告自己的情况，这是一名即将入党人员的责任和义务。隐瞒党组织的行为实属对党不忠诚的行为，作出这种行为的人在思想上就不具备入党资格。

隐瞒入党前的严重错误，即使入党后也要受到党纪处分。《中国共产党纪律处分条例》第七十三条第三款规定："隐瞒入党前严重错误的，一般应当予以除名；对入党后表现尚好的，给予严重警告、撤销党内职务或者留党察看处分。”由此可知，隐瞒入党前严重错误的，党组织一般会对该党员进行除名。如果该党员表现良好，可以不除名，但应给予严重警告、撤销党内职务或留党察看的处分。本案中，刚某在入党时隐瞒了自己曾受过刑事处罚的事实，依照《中国共产党纪律处分条例》第七十三条第三款之规定，一般应将其从党员中除名，但因其入党后表现良好，党组织可以对其处以留党察看一年的处分。

法律条文

《中国共产党纪律处分条例》

第七十三条第三款 隐瞒入党前严重错误的，一般应当予以除名；对入党后表现尚好的，给予严重警告、撤销党内职务或者留党察看处分。

如果党员入党时隐瞒入党前的严重错误，虽然党组织当时并不知晓，但得知此事后，党组织可能会将该党员从党员名册中除名，表现良好的，也要受到严重警告、撤销党内职务或留党察看处分。对党忠诚是入党的第一步，如果为了入党而欺瞒党组织，这第一步便是失败的。

103. 违规组织、参加自发成立的校友会，会受到怎样的纪律处分？

案例背景

蒋某，中共党员，G市某国有企业的总经理。2018年五一期间，蒋某在G市某著名酒店与20多名校友聚餐，大吃大喝。聚餐期间，蒋某当场提议与时任G市公安局副局长的校友小海、G市某运输公司负责人小凡共同组织成立校友会，小海为会长，蒋某和小凡为副会长。2019年1月，蒋某自掏腰包对其成立的校友会赞助3万元。

学法有疑

蒋某的做法对吗？

法律讲堂

近几年，党员参加自发成立的校友会、老乡会、战友会等组织的事件层出不穷。联谊、聚会不过是某些党员大吃大喝、“编织关系”的借口。为了防止党员领导干部通过校友会、战友会、老乡会等组织形式变相铺张浪费、勾结关系，应严肃党纪，严禁吃喝，严禁违规参加自发成立的校友会、老乡会、战友会等组织。

《中国共产党纪律处分条例》第七十四条规定：“党员领导干部违反有关规定组织、参加自发成立的老乡会、校友会、战友会等，情节严重的，给予警告、严重警告或者撤销党内职务处分。”本案中，蒋某身为党员领导干部，借校友会之名，大吃大喝、铺张浪费、“编织关系”，其行为属于违规参加自发成立的校友会。因其还参与了自发组织的校友会的成立，并赞助资金 3 万元，所以其行为性质严重，依据《中国共产党纪律处分条例》第七十四条之规定，应对其作出严重警告或者撤销党内职务处分。

法律条文

《中国共产党纪律处分条例》

第七十四条 党员领导干部违反有关规定组织、参加自发成立的老乡会、校友会、战友会等，情节严重的，给予警告、严重警告或者撤销党内职务处分。

一句话说法

党员领导干部的交往活动应坚持党的原则，遵守党的纪律，不得以交往活动为手段，为自己拉拢关系。私自参加自发成立的老乡会、校友会、战友会等组织，情节严重的，会受到警告至撤销党内职务的党纪处分。

104. 私自扣压检举材料，会受到怎样的纪律处分？

案例背景

高某是S市骨科医院党委副书记、院长（正科级）。2015年至2019年，高某多次收受巨额礼金，并通过职权为他人谋取非法利益。在医院扩建项目中，怠于履行职责，导致国有重大资产流失。2019年7月，医院职工小贾向高某实名举报副院长小刘收受他人财物，为他人谋取利益，并提交了相关材料。高某表面上答应小贾会将材料上交组织，但却因副院长小刘属于其心腹，且其曾收受小刘10万元礼金，故将检举资料私自扣压了。

学法有疑

高某私自扣压检举材料，会受到怎样的纪律处分？

法律讲堂

检举，是指公民向有关部门或组织揭发某人或某些人的违纪事实或违法行为。在反腐倡廉进程中，不少反腐败线索就来自检举。国家鼓励和保护检举，严禁阻挠、压制检举。

《中国共产党纪律处分条例》第七十九条第一款第一项规定："有下列行为之一的，给予警告或者严重警告处分；情节较重的，给予撤销党内职务或者留党察看处分；情节严重的，给予开除党籍处分：（一）对批评、检举、控告进行阻挠、压制，或者将批评、检举、控告材料私自扣压、销毁，或者故意将其泄露给他人的。"由此可知，阻挠、压制批评、检举、控告行为的，或者私自扣压、销毁或故意泄露批评、检举、控告材料的，视情节轻重对其处以警告至开除党籍的处分。本案中，高某私自扣压关于小刘的检举材料，应受党纪处分。若高某仅有该违纪行为，并不会受到特别严重的纪律处分。然而，高某还收受他人财物，为他人谋取利益，这一行为可能构成受贿罪，同时也违反了党风党纪。根据《中国共产党纪律处分条例》第二十七条之规定，党员存在贪污贿赂行为的，应当撤销其党内职务、留党察看或开除党籍。根据《刑法》第三百八十五条之规定，国家工作人员非法收受他人财物，利用职务上的便利为他人谋取利益，属于受贿罪。高某多次违纪且情节严重，应给予其开除党籍、开除公职的处分，收缴其违纪所得，并将其涉嫌受贿罪的问题移交检察机关依法审查起诉，涉案款随案移送。

法律条文

《中国共产党纪律处分条例》

第二十七条 党组织在纪律审查中发现党员有贪污贿赂、滥用职权、玩忽职守、权力寻租、利益输送、徇私舞弊、浪费国家资财等违反法律涉嫌犯罪行为的，应当给予撤销党内职务、留党察看或者开除党籍处分。

第七十九条第一款 有下列行为之一的，给予警告或者严重警告处分；情节较重的，给予撤销党内职务或者留党察看处分；情节严重的，给予开除党籍处分：

（一）对批评、检举、控告进行阻挠、压制，或者将批评、检举、控告材料私自扣压、销毁，或者故意将其泄露给他人的；

……

《中华人民共和国刑法》

第三百八十五条 国家工作人员利用职务上的便利，索取他人财物的，或者非法收受他人财物，为他人谋取利益的，是受贿罪。

国家工作人员在经济往来中，违反国家规定，收受各种名义的回扣、手续费，归个人所有的，以受贿论处。

一句话说法

在反腐倡廉的高压态势下，切莫为了一己私利触犯党纪或法律。

私自扣压检举材料是对被检举人的包庇，应受党纪处分，切莫人为地阻碍检举制度的运行，让检举制度成为虚设，让违纪之人逃之夭夭，让党组织风气被污染。

105. 不服从党组织的分配、调动、交流等决定的，会受到怎样的纪律处分？

案例背景

小尹是A县县委副书记。2019年3月，市委综合考虑小尹的专业背景和工作履历，决定将其派到B市司法局任党委书记，免除其A县县党委副书记职务。3月25日，任免文件正式下达，但小尹却因新岗位权力较小、油水较少而心生不满，一直以照顾全家老小为借口，待在原岗位办公，拒绝赴任。

学法有疑

小尹的做法对吗？他应该怎么做？

法律讲堂

在现实生活中，存在一部分党员组织意识薄弱，只顾个人私利，不顾大局，拒不执行党组织的分配、调动、交流等决定。殊不知，其行为已经触犯了纪律底线，应受党纪处分。

《中国共产党纪律处分条例》第七十二条规定："拒不执行党组织的分配、调动、交流等决定的，给予警告、严重警告或者撤销党内职务处分。在特殊时期或者紧急状况下，拒不执行党组织决定的，给予留党察看或者开除党籍处分。"由此可知，作为党员，必须要有服从意识，党员拒不执行党组织关于分配、调动、交流等方面的决定的，对其给予警告、严重警告或撤销党内职务处分。在特殊时期或紧急情况下，如因疫情、救灾等需要，党员拒不履行上述决定的，给予其留党察看、开除党籍处分。本案中，小尹拒不执行党组织关于工作调动的决定，继续待在原岗位工作，其行为触犯了党规党纪，应视具体情况，对其处以警告、严重警告或者撤销党内职务的处分。

法律条文

《中国共产党纪律处分条例》

第七十二条 拒不执行党组织的分配、调动、交流等决定的，给予警告、严重警告或者撤销党内职务处分。

在特殊时期或者紧急状况下，拒不执行党组织决定的，给予留党察看或者开除党籍处分。

一句话说法

党员必须服从党组织安排，积极完成党组织下达的任务。如果任由党员无视或拒绝执行党组织的决定，那么，党组织就会变成毫无组织力、执行力的一盘散沙。对于拒绝执行党组织决定的行为，《中国共产党纪律处分条例》作出了明确的处分规定。所以，党员一定要强化组织观念，执行组织决定。

106. 接受他人不正当安排娱乐或旅游项目的，会受到怎样的纪律处分？

案例背景

谭某，中共党员，A市某国有企业的主要负责人。2013年至2018年8月，谭某多次接受工作对象的宴请和高消费娱乐活动，经常出入高档酒店和高级娱乐会所。除此之外，谭某还多次接受合作单位的旅游项目安排，其曾被安排至海南、云南、重庆、桂林、湖南等多地旅游。2018年7月，某国有企业党组接到群众实名举报后，立即对谭某展开调查。经查，谭某担任国有企业负责人期间确实多次接受他人不正当的娱乐和旅游项目安排，并利用职务之便为他人谋取不正当利益。谭某因此被处以开除党籍、开除公职的处分，并以涉嫌受贿罪被移交检察机关依法审查起诉。

学法有疑

谭某接受不正当娱乐安排和旅游项目安排的做法对吗？接受不正当娱乐安排和旅游项目安排的，应受何种处分？

法律讲堂

近些年，为了规避现金交易，一些人员通过娱乐项目安排和旅游项目安排与党员领导干部进行“权钱交易”，企图通过这种方式使党员领导干部为其提供帮助和支持。党员领导干部接受与自己存在合作关系、管理关系、服务关系的人员的娱乐安排或旅游项目安排的，可能会影响其公正执行公务。为了防止党员领导干部因娱乐安排或旅游项目安排作出错误行为，《中国共产党纪律处分条例》针对该现象作出了专项处分规定。

该条例第九十二条规定：“接受、提供可能影响公正执行公务的宴请或者旅游、健身、娱乐等活动安排，情节较重的，给予警告或者严重警告处分；情节严重的，给予撤销党内职务或者留党察看处分。”由此可知，党员接受可能影响公正执行公务的宴请、旅游、健身、娱乐等活动安排的行为，属于违纪行为。本案中，谭某身为国有企业的负责人，多次接受合作方宴请及高消费娱乐活动和旅游活动安排，并为对方谋取了不正当利益，情节较重，可对其处以开除党籍处分。除此之外，根据《刑法》第三百八十五条的规定，国家工作人员非法收受他人财物，利用职务上的便利为他人谋取利益，属于受贿罪。谭某的行为涉嫌受贿罪，应当移送检察院审查起诉。

法律条文

《中国共产党纪律处分条例》

第九十二条 接受、提供可能影响公正执行公务的宴请或者旅游、健身、娱乐等活动安排，情节较重的，给予警告或者严重警告处分；情节严重的，给予撤销党内职务或者留党察看处分。

《中华人民共和国刑法》

第三百八十五条 国家工作人员利用职务上的便利，索取他人财物的，或者非法收受他人财物，为他人谋取利益的，是受贿罪。

国家工作人员在经济往来中，违反国家规定，收受各种名义的回扣、手续费，归个人所有的，以受贿论处。

一句话说法

接受他人不正当宴请、旅游、健身、娱乐等活动安排的行为，实质上属于以权谋私。这种行为违反国家财务管理制度和机关正常管理秩序，败坏党内风气，浪费国民资财，与党组织倡导的艰苦奋斗作风背道而驰，因此，党员存在上述行为的，应受党纪处分。

107. 借招待之机大吃大喝的，会受到怎样的纪律处分？

案例背景

董某，中共党员，上海市某建筑公司党委副书记。2019 年 4 月 9 日，董某赴河北省与甲公司进行项目洽谈。洽谈期间，董某接受甲公司公务招待，甲公司为其提供了高档白酒 4 瓶、高档菜品 20 多种、高档香烟 3 盒，开销费用共计 36890 元。2019 年 6 月 3 日，董某赴黑龙江洽谈项目，又接受当地某公司提供的公务招待，包括高档菜品、香烟、茶叶和酒水，开销费用共计 16370 元。

学法有疑

董某的做法对吗？他应该受到怎样的纪律处分？

法律讲堂

中国共产党一直着力整治公务接待问题，并出台了中央八项规定等纪律规范。经过一段时间的努力，违规公务接待问题已基本解决。但仍有部分党员参与违规公务接待，认为高标准的公务接待是对自己的尊重和重视，正是这种思想认识上的偏差使某些党员干部屡屡触碰纪律红线。《中国共产党纪律处分条例》对公务接待问题作出了明确的处分规定，为广大党员干部和公职人员敲响了警钟。

按照《中国共产党纪律处分条例》第一百零六条的规定："违反公务接待管理规定，超标准、超范围接待或者借机大吃大喝，对直接责任者和领导责任者，情节较重的，给予警告或者严重警告处分；情节严重的，给予撤销党内职务处分。"由此可知，党员借公务招待大吃大喝的，应对直接责任者和领导责任者处以警告至撤销党内职务处分。本案中，董某作为一名身居要职的中共党员，外出洽谈项目时，应在规定的接待标准内接受其他单位的公务招待，严格自律，克服享乐主义，但是董某却两次借公务招待大吃大喝，应对其处以党纪处分。

法律条文

《中国共产党纪律处分条例》

第一百零六条 违反公务接待管理规定，超标准、超范围接待或者借机大吃大喝，对直接责任者和领导责任者，情节较重的，给予警告或者严重警告处分；情节严重的，给予撤销党内职务处分。

一句话说法

正常的公务招待是开展各项公务活动的必要条件，公务招待一旦超了限度和标准，就会演变为奢靡浪费。党员领导干部应自觉抵制享乐主义，坚持公私分明，厉行节俭。如果党员干部借公务招待大吃大喝，必定会受到党纪处分，严重的甚至会被追究刑事责任。

108. 在办理涉及群众事务时刁难群众、吃拿卡要的，会受到怎样的纪律处分？

案例背景

石某，中共党员，F市环保局工作人员。2018年8月23日，石某负责为H有限公司办理建设项目节能减排环评审批手续。尽管H有限公司提供的资料完备，但石某仍一直找借口不予办理。为确保手续顺利通过，H有限公司负责人赠予了石某一张1000元的超市充值卡，但手续还是迟迟未办成。2018年11月2日，石某提出其有一张面值为3200元的发票一直没能报销，H有限公司为石某报销完后，石某立刻为该企业办理了审批手续，审批手续于当月审批完结。

学法有疑

石某的做法对吗？应受何种处分？

法律讲堂

在现实生活中，存在一些党员干部不收受群众好处就不给群众办事，借办公事之际刁难群众、吃拿卡要的现象。党员干部刁难群众、吃拿卡要的原因有二：首先，这部分党员干部认为群众是有求于自己，只能吃哑巴亏，不敢声张。其次，他们认为即使有群众反映这个问题，也不是大事，最多就是被领导批评几句。归根结底，是因为这部分党员的思想认识出现了问题，为民服务的意识淡化。因此，党规党纪对此种行为作出了专门规定，严肃整治这种侵害群众利益的行为。

《中国共产党纪律处分条例》第一百一十二条第五项规定，在办理涉及群众事务时刁难群众、吃拿卡要的，对直接责任者和领导责任者，情节较轻的，给予警告或者严重警告处分；情节较重的，给予撤销党内职务或者留党察看处分；情节严重的，给予开除党籍处分。由此可知，党员干部在处理群众事务时，应当依法办事，如果故意刁难群众，借机向群众吃拿卡要的，将会受到警告至开除党籍的处分。本案中，石某作为环保局工作人员，在日常工作中，本应及时高效地处理相关事宜，但其在处理 H 有限公司建设项目节能减排环评审批手续时，故意拖延办理流程，借机向 H 有限公司索要钱财，严重违反了党的纪律，应视其情节，对其处以警告至开除党籍处分。

法律条文

《中国共产党纪律处分条例》

第一百一十二条 有下列行为之一，对直接责任者和领导责任者，情节较轻的，给予警告或者严重警告处分；情节较重的，给予撤销党内职务或者留党察看处分；情节严重的，给予开除党籍处分：

……

（五）在办理涉及群众事务时刁难群众、吃拿卡要的；

……

中国共产党的根本宗旨是全心全意为人民服务，但有些党员在行使职权的过程中，故意设置障碍刁难群众，借机向群众索要钱财，把人民赋予的权力作为吃拿卡要的利器。这些党员的违纪行为必将受到党纪的严肃处理。

109. 为搞政绩而盲目上项目的，会受到怎样的纪律处分？

案例背景

老张，中共党员，A市县委书记。A县属于贫困县，上级领导非常重视该县的扶贫脱贫工作。为了在领导面前展示贫困县农业的发展和进步，老张未经调查研究，不顾其他干部的意见和群众反对，花费1300万元建设了53个温室蔬菜大棚。2017年3月，上级领导到A县调研，对老张的工作能力给予肯定。但实际上，因温室蔬菜大棚远离县城，交通不便，造成蔬菜滞销，最终致使所有大棚闲置，造成了国有资产的浪费。2019年1月，老张又想通过打造旅游城市发展县域经济，投入了1.3亿元巨资打造超大假山瀑布、人造水系及亮化工程。

学法有疑

老张的做法会受到纪律处分吗？

法律讲堂

个别党员领导干部政绩观扭曲，缺乏大局意识和担当能力。为了搞政绩，他们不惜浪费国有资产盲目上项目，期望借此得到上级领导的赞许。党员领导干部如果一心想着出彩头，开展工程和项目脱离实际、脱离群众、脱离调查研究，即使能得到一时的政绩“光环”，但长期置国家整体利益和群众利益于不顾，终将受到党纪甚至国法的惩治。

根据《中国共产党纪律处分条例》第一百一十七条的规定：“盲目举债、铺摊子、上项目，搞劳民伤财的‘形象工程’、‘政绩工程’，致使国家、集体或者群众财产和利益遭受较大损失的，对直接责任者和领导责任者，给予警告或者严重警告处分；情节严重的，给予撤销党内职务、留党察看或者开除党籍处分。”由此可知，党员干部为了搞政绩或形象工程，盲目上项目、铺摊子，导致国家、集体或群众的财产和利益遭受较大损失的，对直接责任者和领导责任者处以警告至开除党籍的处分。本案中，老张作为A县县委书记，为了得到上级领导的赞许，脱离实际、脱离群众、脱离调查研究，盲目建设蔬菜大棚和旅游项目，造成国家财产重大损失，人民利益受损，应视其情节，处以党纪处分。

法律条文

《中国共产党纪律处分条例》

第一百一十七条 盲目举债、铺摊子、上项目，搞劳民伤财的“形象工程”、“政绩工程”，致使国家、集体或者群众财产和利益遭受较大损失的，对直接责任者和领导责任者，给予警告或者严重警告处分；情节严重的，给予撤销党内职务、留党察看或者开除党籍处分。

有的党员干部为了“形象工程”“政绩工程”，脱离实际、脱离群众、脱离调查研究，盲目举债、铺摊子、上项目，最终导致国家、集体、群众利益和财产遭受损失，这不仅是违反党纪的行为，而且不利于当地经济发展。党员干部应坚持实事求是，坚持群众路线，树立正确的政绩观。

110. 政策扶持中，搞特殊优待亲属的，会受到怎样的纪律处分？

案例背景

小丽，中共党员，A 县农业局副局长。2018 年 5 月，国家出台农村建房补助政策，小丽负责统计 A 县符合农村建房补助条件的住户。农村建房补助统计分三批进行：首先，对有贫困证明的住户进行优先统计；其次，对没有劳动能力或没有经济能力的住户进行统计；最后，对有残疾人的住户进行统计。小丽表哥家不符合农村建房补助条件，但小丽却将表哥家纳入了第一批符合农村建房补助条件住户范围内。

学法有疑

小丽在落实政策扶持过程中特殊优待其亲属，这种行为会受到怎样的纪律处分？

法律讲堂

党员领导干部不仅要管好自己，也要管好自己的亲属，不得利用职权为自己谋取不正当利益，也不得利用职权为亲属谋取不正当利益。利用特殊身份搞特殊优待，谋取非法利益，将严重影响党组织的形象和威信。随着反腐斗争的逐步深入，党员领导干部在落实上级工作安排部署中，是否存在优亲厚友的行为，越来越受到党组织的重视和警觉。

《中国共产党纪律处分条例》第一百一十四条规定："在社会保障、政策扶持、扶贫脱贫、救灾救济款物分配等事项中优亲厚友、明显有失公平的，给予警告或者严重警告处分；情节较重的，给予撤销党内职务或者留党察看处分；情节严重的，给予开除党籍处分。”由此可知，党员在社会保障、政策扶持、扶贫脱贫、救灾救济款物分配等方面，应当按照上级政策要求认真落实工作任务，不得搞特殊，优待亲属或朋友，明显有失公平的，将视情节轻重，对其处以警告至开除党籍处分。本案中，小丽在农村建房补助事项中，明知自己的表哥不符合农村建房补助申领条件，仍用自己的职权将其列入第一批领取补助住户范围内，其行为违反了上述规定，A 县农业局党组应视其违纪情节，对其处以警告至开除党籍的处分。

法律条文

《中国共产党纪律处分条例》

第一百一十四条 在社会保障、政策扶持、扶贫脱贫、救灾救济款物分配等事项中优亲厚友、明显有失公平的，给予警告或者严重警告处分；情节较重的，给予撤销党内职务或者留党察看处分；情节严重的，给予开除党籍处分。

党员干部是人民的公仆，应为全体人民谋利益，而不是为自己的亲属或朋友谋利益。党员干部处事公正、作风正派，才能得到人民群众的支持和拥护。滥用私权、搞特殊优待不仅会丧失民心，还会污染党风，受到党纪处分。所以，党员干部一定要时刻自查、自省、自警，防微杜渐，做到权为人民所用，而不是为个人所用。

111. 危急时刻不挺身而出，畏惧退缩的，会受到怎样的纪律处分？

案例背景

傅某，中共党员，H 市司法局副局长。2018 年 3 月 6 日下午，傅某在上班途中发现一辆运油货车发生车祸起火，货车司机被卡在车里出不来，火势迅速蔓延，随时有可能引发油罐爆炸，危及国家财产及周边群众的生命安全。傅某看到民警、过往司乘人员及消防队员正在冒死施救，自己也想过去帮忙，但因害怕危险，最终选择了离开。

学法有疑

面对事故，傅某应该挺身而出吗？傅某畏惧逃离的行为会受到党纪处分吗？

法律讲堂

国家财产和人民群众生命财产受到严重威胁时，党员应挺身而出，积极进行救援，这是党章对党员的要求。党员干部，尤其是党员领导干部，更应不惧一切困难和危险保护国家和人民利益。党章党纪绝不允许党员“能救而不救”，如果党员在危急时刻做一名“看客”或者“过客”，最终将受到党纪问责。

《中国共产党纪律处分条例》第一百一十八条规定：“遇到国家财产和群众生命财产受到严重威胁时，能救而不救，情节较重的，给予警告、严重警告或者撤销党内职务处分；情节严重的，给予留党察看或者开除党籍处分。”由此可知，当国家财产或群众生命财产遭受严重威胁时，党员必须迎难而上，挺身而出，如果能救而不救、畏惧退缩的，视情节轻重，对其处以警告至开除党籍处分。本案中，傅某作为中共党员，还是一名党员领导干部，在遇到油罐货车发生事故时，本应和民警、消防员一起施救，却因为害怕危险而选择离开，党组织可以视情节轻重，对其处以警告至开除党籍的处分。

法律条文

《中国共产党纪律处分条例》

第一百一十八条 遇到国家财产和群众生命财产受到严重威胁时，能救而不救，情节较重的，给予警告、严重警告或者撤销党内职务处分；情节严重的，给予留党察看或者开除党籍处分。

一句话说法

危急时刻，党员要挺身而出，发扬不怕吃苦、不怕牺牲的精神，义无反顾地保护国家和人民的财产和生命安全。党员面对危难时，临阵逃脱、畏缩不前的，党组织要视具体情况，给予相应处分。

112. 违反规定干预和插手市场经济活动的，会受到怎样的纪律处分？

案例背景

小李，中共党员，A 市环保局副局长。2018 年 3 月，A 市甲公司与乙公司因工程质量发生纠纷，争执不下，乙公司欠付甲公司 2000 万元的工程款也因此迟迟未付。甲公司负责人高某与小李是大学室友。高某认为该纠纷诉诸法院，自己胜诉的概率不大，于是找小李帮忙索要工程款。小李遂找到乙公司负责人杜总协商此事，碍于小李的职位和权力，杜总最终同意将工程款全部付给甲公司。但是，此事引起了乙公司高层领导人员的不满，在 A 市商界也造成了不良影响。

学法有疑

小李的做法应受党纪处分吗？

法律讲堂

党员领导干部干预、插手市场经济活动的，会对市场中权利人的利益造成影响，并影响市场秩序的公平公正，对社会经济的整体发展造成一定程度的打击。防止党员领导干部干预、插手市场经济活动，仅依靠领导讲话和会议精神的约束力和警示力还不够，必须对此种行为进行党纪处分。

对此，《中国共产党纪律处分条例》第一百二十六条明确规定：“党员领导干部违反有关规定干预和插手市场经济活动，有下列行为之一，造成不良影响的，给予警告或者严重警告处分；情节较重的，给予撤销党内职务或者留党察看处分；情节严重的，给予开除党籍处分……（四）干预和插手经济纠纷的……”本案中，小李作为环保局副局长，本无权插手甲公司和乙公司的工程款纠纷，但其却利用职权影响帮助甲公司索要工程款，属于违反规定干预、插手经济纠纷的行为，A 市环保局党组应视情节轻重，对其处以警告至开除党籍的处分。

法律条文

《中国共产党纪律处分条例》

第一百二十六条 党员领导干部违反有关规定干预和插手市场经济活动，有下列行为之一，造成不良影响的，给予警告或者严重警告处分；情节较重的，给予撤销党内职务或者留党察看处分；情节严重的，给予开除党籍处分：

（一）干预和插手建设工程项目承发包、土地使用权出让、政府采购、房地产开发与经营、矿产资源开发利用、中介机构服务等活动的；

（二）干预和插手国有企业重组改制、兼并、破产、产权交易、清产核资、资产评估、资产转让、重大项目投资以及其他重大经营活动等事项的；

（三）干预和插手批办各类行政许可和资金借贷等事项的；

（四）干预和插手经济纠纷的；

（五）干预和插手集体资金、资产和资源的使用、分配、承包、租赁等事项的。

党员领导干部违规干预、插手市场经济活动，与市场经济主体争夺资源和利益，严重破坏了市场发展规律和市场秩序，必须严格禁止。一方面，党员领导干部应严于律己，遵守党纪党规，不做影响市场经济活动的事。另一方面，党组织应加强监督管理，对党员领导干部违规干预、插手市场经济活动的行为予以严肃处理，及时作出合理处分。

113. 泄露党组织未公开的纪律审查事项的，会受到怎样的纪律处分？

案例背景

徐某，中共党员，丙市市委副书记。2019年4月，丙市政府信访接待室接到群众举报信件，举报Y县副县长小兵收受贿赂、滥用职权等违纪行为。该事项交由徐某、老张、小白等人共同调查处理。徐某与小兵私下素有来往，于是悄悄打电话告知小兵其被人举报，党组织正在调查核实，让小兵早做准备。

学法有疑

徐某的做法应受何种纪律处分？

法律讲堂

党员身上的问题，群众最清楚，最有发言权。反腐败斗争的顺利进行与群众的支持和监督密切相关。党的十八大以来，从严治党全面、深入推进，群众通过信访、举报等方式行使监督权的积极性大有提高，面对群众的信任和期望，必须保障安全、封闭的纪律审查环境。一旦出现泄露党组织未公开的纪律审查事项的，不管是谁，必须严惩不贷，严肃追责。

《中国共产党纪律处分条例》第一百二十八条第一款规定：“泄露、扩散或者打探、窃取党组织关于干部选拔任用、纪律审查、巡视巡察等尚未公开事项或者其他应当保密的内容的，给予警告或者严重警告处分；情节较重的，给予撤销党内职务或者留党察看处分；情节严重的，给予开除党籍处分。”由此可知，党员应严守党的纪律和秘密，泄露、扩散、打探、窃取党组织尚未公开的涉及干部选拔任用、纪律审查、巡视巡察等事项的，应视情节轻重，对其处以警告至开除党籍处分。本案中，徐某将党组织未公开的、涉及小兵的纪律审查事项私自告诉小兵，属于泄露党组织未公开的纪律审查事项，应对徐某处以警告至开除党籍的处分。

法律条文

《中国共产党纪律处分条例》

第一百二十八条第一款 泄露、扩散或者打探、窃取党组织关于干部选拔任用、纪律审查、巡视巡察等尚未公开事项或者其他应当保密的内容的，给予警告或者严重警告处分；情节较重的，给予撤销党内职务或者留党察看处分；情节严重的，给予开除党籍处分。

一句话说法

无论是在现实中还是在网络上，广大党员都要严格要求自己，对自己的言行负责任，做到不乱谈、不乱讲，把不发表与党和国家的政策相违背的言论等作为自己的责任和使命，坚守党的纪律和秘密，不随意泄露、扩散、打探、窃取党组织的秘密。

114. 以不正当方式谋求本人或者其他人以公款方式出国（境）旅游的，会受到怎样的纪律处分？

案例背景

金某，中共党员，F市副市长。2014年至2019年3月，金某利用分管外事旅游工作之便，以各种理由安排自己公款出国（境）旅游，表面上是开展考察工作，实质上是为了个人娱乐。2017年7月，金某以陪上级领导参加在波兰举办的第41届世界遗产大会为由，嘱咐F市旅游局局长董某准备出国考察费用2.5万元美金。董某将考察费交予金某后，金某和领导就出国了。出国期间，金某利用公款在波兰参观旅游景点，住高档酒店。2019年3月，金某在党组织进行纪律审查时交代了自己的行为。金某最终被处以开除党籍、开除公职的处分，其涉嫌刑事犯罪问题被移交检察机关依法处理。

学法有疑

以不正当方式谋求本人或者其他人以公款方式出国（境）旅游的，会受到怎样的纪律处分？

法律讲堂

国家一直严查公款旅游的违纪行为，但仍有一些党员干部未予以重视，顶风违纪。有的以学习培训的名义变相公款旅游；有的为了旅游，绕道安排行程；还有的为了出国旅游，购买伪造的邀请函。上述行为都是浪费国民财产、败坏党内风气的行为，必须予以严厉打击、严肃处理。

《中国共产党纪律处分条例》第一百零五条规定："有下列行为之一，对直接责任者和领导责任者，情节较轻的，给予警告或者严重警告处分；情节较重的，给予撤销党内职务或者留党察看处分；

情节严重的，给予开除党籍处分：（一）公款旅游或者以学习培训、考察调研、职工疗养等为名变相公款旅游的；（二）改变公务行程，借机旅游的；（三）参加所管理企业、下属单位组织的考察活动，借机旅游的。以考察、学习、培训、研讨、招商、参展等名义变相用公款出国（境）旅游的，依照前款规定处理。”第一百三十条规定：“以不正当方式谋求本人或者其他人用公款出国（境），情节较轻的，给予警告处分；情节较重的，给予严重警告处分；情节严重的，给予撤销党内职务处分。”由此可知，党员通过不正当的方式谋求自己或他人用公款出国（境）旅游的，视情节轻重，对其处以警告至撤销党内职务处分。如果是直接责任者或领导责任者，情节严重的，还将被给予留党察看或开除党籍处分。

除此之外，我国《刑法》第三百八十二条第一款规定：“国家工作人员利用职务上的便利，侵吞、窃取、骗取或者以其他手段非法占有公共财物的，是贪污罪。”由此可知，党员利用公职上的便利，侵吞公共财物的，属于贪污罪。

本案中，金某通过各种不正当理由安排自己出国（境）旅游，并利用公款消费的行为，既违反了党纪，又违反了国法。因金某是变相用公款出国（境）旅游的主要负责人，党组织给予其开除党籍、开除公职的处分并无不当。金某利用职务之便用公款旅游的行为，属于利用职务之便侵吞国有资产，可能涉及贪污罪，应移交检察机关审查起诉。

法律条文

《中国共产党纪律处分条例》

第一百零五条 有下列行为之一，对直接责任者和领导责任者，情节较轻的，给予警告或者严重警告处分；情节较重的，给予撤销党内职务或者留党察看处分；情节严重的，给予开除党籍处分：

（一）公款旅游或者以学习培训、考察调研、职工疗养等为名变相公款旅游的；

（二）改变公务行程，借机旅游的；

（三）参加所管理企业、下属单位组织的考察活动，借机旅游的。

以考察、学习、培训、研讨、招商、参展等名义变相用公款出国（境）旅游的，依照前款规定处理。

第一百三十条 以不正当方式谋求本人或者其他人用公款出国（境），情节较轻的，给予警告处分；情节较重的，给予严重警告处分；情节严重的，给予撤销党内职务处分。

《中华人民共和国刑法》

第三百八十二条第一款 国家工作人员利用职务上的便利，侵吞、窃取、骗取或者以其他手段非法占有公共财物的，是贪污罪。

一旦党组织发现党员或党员领导干部通过不正当的理由或方式，谋求本人或者其他人以公款方式出国（境）旅游的，一律严肃处理，绝不姑息。党员以及党员领导干部应严格执行外事管理规章制度，不因出国（境）而占国家和人民的便宜，不接受、不组织非正式方式的出国（境）活动，尽量减少不必要的出国考察活动，把精力和财力用在解决人民群众关心的问题和地区发展问题上。

115. 违反规定干预和插手司法活动、执纪执法活动的，会受到怎样的纪律处分?

案例背景

小林，中共党员，丁市市委副书记。2018年2月6日，其远房表弟周某和某电器商场销售员小飞因买卖商品发生纠纷，双方争执不下，周某对小飞进行殴打并致其死亡。案发后，公安局以涉嫌故意伤害罪逮捕了周某，并将周某移送检察机关审查起诉。案件受理过程中，小林收受周某家属40万元，并向案件受理法官施压，最终使周某重罪轻判。

学法有疑

小林插手、干预司法活动的行为会受到怎样的纪律处分?

法律讲堂

司法公正才能保证案件处理结果公平，党员领导干部干预司法是导致司法不公、司法腐败的一大顽疾。在法治时代，不论执纪还是执法，都要排除人为干扰因素，严禁任何人以任何借口干预、插手司法活动或执纪执法活动。近些年，某些地方还是存在党员领导干部干预和插手司法、执纪执法活动的现象，导致人情案、关系案、金钱案层出不穷，影响司法公正，引发群众不满，使党和政府的形象和公信力受损。

对此，《中国共产党纪律处分条例》第一百二十七条第一款明确规定："党员领导干部违反有关规定干预和插手司法活动、执纪执法活动，向有关地方或者部门打听案情、打招呼、说情，或者以其他方式对司法活动、执纪执法活动施加影响，情节较轻的，给予严重警告处分；情节较重的，给予撤销党内职务或者留党察看处分；情节严重的，给予开除党籍处分。”本案中，小林利用自己的地位和职权，违反规定插手司法活动，为了使周某被轻判，对案件审判员施加压力，党组织可以视情节对其处以警告至开除党籍处分。此外，小林的行为也违反了刑法，涉嫌刑事犯罪。根据我国《刑法》第三百八十五条第一款的规定：“国家工作人员利用职务上的便利，索取他人财物的，或者非法收受他人财物，为他人谋取利益的，是受贿罪。”小林非法收受周某家属40万元，并利用职务上的便利使周某重罪轻判，涉嫌受贿罪，应将小林移交检察机关侦查起诉。

法律条文

《中国共产党纪律处分条例》

第一百二十七条第一款 党员领导干部违反有关规定干预和插手司法活动、执纪执法活动，向有关地方或者部门打听案情、打招呼、说情，或者以其他方式对司法活动、执纪执法活动施加影响，情节较轻的，给予严重警告处分；情节较重的，给予撤销党内职务或者留党察看处分；情节严重的，给予开除党籍处分。

《中华人民共和国刑法》

第三百八十五条第一款 国家工作人员利用职务上的便利，索取他人财物的，或者非法收受他人财物，为他人谋取利益的，是受贿罪。

党员领导干部应吸收反面案例的教训，带头依法、依纪律办事，尊重法律和纪律，不触碰法律和纪律红线。不论出于何种原因，都不得违规干预和插手司法、执纪执法活动，否则必将受到法律和党纪的严惩。

116. 生活奢靡、贪图享乐的，会受到怎样的纪律处分？

案例背景

小王，中共党员，S市副市长。2014年至2019年9月，小王经常在当地著名高级会所玩儿到凌晨两三点。在会所内，小王和朋友会一起吃饭、喝酒、唱歌、打牌。每次在会所吃饭，小王都要喝高档红酒，点最贵的菜品。这些消费有时候由小王支付，有时候由企业老板或小王的朋友支付。日常生活中，小王也是一个讲排场的人，喜欢开豪车、戴名表。

学法有疑

小王的做法对吗？他应该怎么做？

法律讲堂

在日常生活中，一些党员干部思想不端正，爱攀比、爱显摆，生活奢靡、贪图享乐，败坏了党的形象和风气。党员干部的行为不仅是个人行为，也关系着党组织的形象。所以，党员领导干部生活奢靡、贪图享乐的，党组织一定会严肃处理，敦促其发扬艰苦奋斗的优良传统和作风。

《中国共产党纪律处分条例》第一百三十四条规定：“生活奢靡、贪图享乐、追求低级趣味，造成不良影响的，给予警告或者严重警告处分；情节严重的，给予撤销党内职务处分。”由此可知，党员生活奢靡、贪图享乐、追求低级趣味，在社会上产生了不良影响的，党组织会视情节轻重，对其处以警告至撤销党内职务处分。本案中，小王身为公职人员，经常出入高档会所，并进行高水平消费，例如喝高档红酒，吃最贵的菜品。在日常生活中，小王开豪车、戴名表。这些都表明小王生活奢靡、贪图享乐，党组织可以视情节轻重，对其处以警告至撤销党内职务的处分。小王作为党员领导干部，应秉持勤俭节约的精神，抵制低级趣味的诱惑，为人民群众树立好榜样。

法律条文

《中国共产党纪律处分条例》

第一百三十四条 生活奢靡、贪图享乐、追求低级趣味，造成不良影响的，给予警告或者严重警告处分；情节严重的，给予撤销党内职务处分。

一句话说法

党员生活奢靡、贪图享乐、追求低级趣味，是党员坠入腐败深渊的开始，如果党员无法抵制低级趣味的诱惑，就无法一心为公。党员及党员领导干部应廉洁、勤俭，追求高级趣味，自觉抵制金钱、权利、美色的诱惑，防微杜渐，谨小慎微，否则必将受到党纪严惩。

117. 与他人发生不正当性关系的，会受到怎样的纪律处分?

案例背景

朱某，中共党员，A市国土资源局副局长，党组成员。2018年11月，A市纪委接到小吴实名举报，举报称国土资源局副局长朱某与自己的妻子小红长期通奸，并提供了捉奸在床的照片。市纪委立即对朱某进行纪律审查。经审查发现，2017年4月至2018年10月，朱某多次与小吴的妻子小红发生不正当性关系。此事造成了较为恶劣的社会影响，市委党组经研究决定给予朱某开除党籍的处分，同时撤销其国土资源局副局长职务，降为科员。

学法有疑

与他人发生不正当性关系的，应受何种纪律处分?

法律讲堂

党员应培养高尚的情操，积极弘扬中华传统美德，践行社会主义荣辱观、价值观。党员与他人发生不正当性关系是违反社会主义道德和家庭道德的行为，也是违反党规党纪的行为，会给党组织、社会及双方家庭造成负面影响，应严惩此类行为，遏制此类行为的发生。

《中国共产党纪律处分条例》第一百三十五条规定："与他人发生不正当性关系，造成不良影响的，给予警告或者严重警告处分；情节较重的，给予撤销党内职务或者留党察看处分；情节严重的，给予开除党籍处分。利用职权、教养关系、从属关系或者其他相类似关系与他人发生性关系的，从重处分。"由此可知，党员与他人发生不正当性关系，造成不良影响的，党组织将视其违纪情节，处以警告至开除党籍处分。如果党员利用职权、教养、从属关系或其他相类似关系与他人发生性关系的，应当从重处分。本案中，朱某作为 A 市国土资源局副局长、党组成员，生活作风不检点，与小红多次发生不正当性关系，严重违反了党规党纪，党组织的处分有理有据。如果朱某曾利用职权威胁或强迫小红与自己发生性关系，党纪处分应加重，而且朱某还可能涉嫌强奸罪，将被追究刑事责任。

法律条文

《中国共产党纪律处分条例》

第一百三十五条 与他人发生不正当性关系，造成不良影响的，给予警告或者严重警告处分；情节较重的，给予撤销党内职务或者留党察看处分；情节严重的，给予开除党籍处分。

利用职权、教养关系、从属关系或者其他相类似关系与他人发生性关系的，从重处分。

《中华人民共和国刑法》

第二百三十六条第一款 以暴力、胁迫或者其他手段强奸妇女的，处三年以上十年以下有期徒刑。

党员以及党员领导干部与他人发生不正当性关系的，不仅会伤害家庭和亲人，也会败坏党内风气。党章党纪对党员以及党员领导干部与他人发生不正当性关系的行为，一直保持严肃处理的态度，广大党员及党员干部应时刻警醒自己，生活作风腐化是党员迈向腐败的第一步，经受不住考验，缺乏自我约束，最终将会坠入深渊。